イラスト 乳児保育

舟山 洋美　池田 佐輪子　荒牧 志穂
池上 奈摘　川俣 沙織　中村 奈々子
春髙 裕美　三宅 美千代　森谷 由美子
安氏 洋子　渡邉 晴美　著

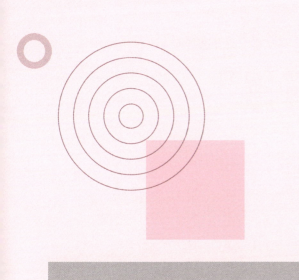

東京教学社

著者紹介

舟山 洋美	保育士
池田 佐輪子	西南女学院大学短期大学部 保育科
荒牧 志穂	社会福祉法人光会 庄ひかりこども園 保健師・看護師
池上 奈摘	佐賀女子短期大学 こども未来学科
川俣 沙織	中村学園大学短期大学部 幼児保育学科
中村 奈々子	社会福祉法人 慈愛会 清心乳児園 保育士・社会福祉士
春髙 裕美	長野県立大学 健康発達学部 こども学科
三宅 美千代	帝京科学大学 教育人間科学部 こども学科
森谷 由美子	福岡女学院大学 人間関係学部 子ども発達学科
安氏 洋子	長野県立大学 健康発達学部 こども学科
渡邉 晴美	帝京大学 福岡医療技術学部 看護学科

本書籍内において訂正や更新情報などがある場合は、「東京教学社」ホームページの書籍紹介ページにて公開致します。恐れ入りますが、右のQRコードよりご確認ください。

はじめに

　本書は、保育者を目指す皆さんを対象にイラストや写真、動画をたくさん使用し、分かりやすい構成をこころがけて作成しました。また、事例をつかって、よりリアルな保育現場を想像しながら学べるよう、現職者の声もたくさん入っています。
　そのため、学生のみでなく、現在保育者として勤務している先生方にも、リカレントの教材として役立てていただくことを期待しています。
　私見ではありますが、コロナ禍後の常に変化していく社会情勢のなかで、子どもはもちろん、大人も生きること、自分の事に精一杯な世の中になってきたように思います。こども家庭庁の創設から、子どもについての政策等について着々と議論が進められていますが、その世の中で、より幼い子どもについて改めて考えることが重要なのではないでしょうか。
　人生の最初期にある子どもたちについて、世界で研究が進められていますが、まだまだ分からないことも多くあります。「小さいうち」だからこそ、じっくりと子どもと関わる人や時間や余裕が必要ですし、どっしりと構えて（覚悟をもって）関わる大人を通して、子どもは自分がこれから生きていく世界について安心感をもって学んでいけるのです。「小さいから」何も分からないのではないことは多くの人が知り始めています。
　ベッドの上から、誰かに抱っこやおんぶをされたところから、子どもたちはいろいろなものを見て、声や音をきいて、身の回りのにおいを嗅いだり、はじめは偶然に触れていたものを自分の意思で触ろうとしたりして、世界を学び、その世界に適応して生きていく為に必要な情報を取捨選択しています。さらに自分の体を動かせるようになると、自分で興味をもったものに向かっていきます。子どもたちの目線、仕草、発声から、私たちは子どもたちがこの世界について喜びをもって探索・探求していることに気づきます。時には、大人が望まない方法で、子どもたちは世界と触れ合うこともありますが、それは子どもたちが、大人がつくり出した箱庭で生きているのではないことを思い出させてくれます。
　これからの社会で、子どもと関わる保育者は「子どもの専門家」としてなにができるのでしょうか？（あえて「子育ての専門家」とはいいません。子育ては子どもについて学ぶことのなかの一部です。）これから保育を学ぶ皆さん、より深く学んでいきたい皆さんと、一緒に考えていければ幸いです。

　最後に本書の執筆にあたり、多くの専門図書や学術論文を引用・参考文献として活用させていただきました。本文中および巻末に明記しましたが、ここに関係の各位に謝意を表します。
　さらにより良い教科書に改訂していきたいと願っていますので、読者のみなさんからのご意見・ご指摘などいただけると幸いです。

2025 年 3 月

著者一同

これから「乳児保育」を学ぶみなさんへ

赤ちゃんの様子①

赤ちゃんの様子②

赤ちゃんの様子③

　動画の赤ちゃん、とてもかわいいですよね。「大人が守ってあげなければ！」と思いますよね。でも赤ちゃんと関わる専門職の保育者として本当にそれだけでよいのでしょうか？
　赤ちゃんは生後約1年の生理的早産といわれ、まだ1人では立てないし、食べられないし、話すこともできません。大人の関わりが必要なのは間違いありません。
　しかし驚くことに赤ちゃんは、すでに大人の注意を自分に引きつける戦略を身につけています。まずは見た目のかわいらしさ。頭が大きく手足が短い、顔の中心に目や鼻、口が寄っており、何とかしてあげたいと思う大人の気持ちを引き起こします。
　そして赤ちゃん特有のにおいは、「幸せホルモン」ともいわれる神経伝達物質であるドーパミンの放出を促すといわれています。
　さらに愛らしくも力強い泣き声で大人の注意を引こうとします。

　このように子どもは生まれた瞬間から、いえ、お母さんのおなかの中にいるときからすでに、大人のケアの情動を刺激する戦略を身につけているのです。
　そしてそれらは子どもが生きていくために必要な意思・意欲の表現の1つひとつであると私たちは理解する必要があります。
　それを踏まえて、私たちは専門職である保育者として乳児について何を理解し、何に留意し、どのように関わればよいでしょうか。
　あなたが理想とする保育者を目指して、テキストの内容を学んでいく中で一緒に考えていきましょう。

保育者にインタビュー

0歳児クラス

子どもの様子①

興味津々な顔が
とっても可愛いです。

自分で食べたい！
その気持ちを大切に
しています。

いっしょうけんめいな
子どもの姿に
毎日、元気をもらっています。

保育者にインタビュー
1歳児クラス

子どもの様子②

滑り台はまだまだ
おっかなびっくり。
たくさんのことにチャレンジして
成長していく姿が頼もしいです。

だんだん体の動きも
ダイナミックになってきて
目が離せませんが、
やりがいも倍増です♪

ご飯を食べるのも上手でしょ♪
たくさん食べられるように
なりました。

保育者にインタビュー

2歳児クラス

保育の様子③

手遊びや絵本、自分でどんどん楽しみを見つけています。

もりもり食べて大きくなーれ！

自分で身支度もできるようになりました！すごいでしょ♪

CONTENTS

序章 子どもの権利を保障する乳幼児期の保育

- 世界でも注目される乳幼児期の保育 ………………………………… 2
- ウェルビーイングの向上を目指して ………………………………… 3
- バイオサイコソーシャルとは ………………………………………… 4
- 養護と教育が一体になった保育を目指して ………………………… 5
  - 1 養護と教育に関する基本的事項　5
  - 2 生命の保持と情緒の安定　5
- 幼児期までのこどもの育ちに係る基本的なビジョン（はじめの100か月の育ちビジョン）…… 7
- 幼児期の終わりまでに育ってほしい姿 ……………………………… 8
- 子どもの権利 …………………………………………………………… 9
  - 1 子どもの権利条約　9
  - 2 児童福祉法　9
  - 3 児童憲章　10
  - 4 こども基本法　10
  - 5 こども大綱　11

第1部　乳児保育Ⅰ　理論編

第1章 乳児保育とは

- **1** 乳児保育の対象と意義 ……………………………………………… 16
  - 1 乳児保育の対象　16
  - 2 乳児保育の意義　16
  - 3 子どもを理解するために　17
- **2** 社会から求められる乳児保育 …………………………………… 19
  - 1 保育施設の変遷　20
  - 2 社会システムとしての保育施設の多様化　21
- **3** 子育て世帯を取り巻く環境 ……………………………………… 22
  - 1 少子化と就労形態の変化　22
  - 2 子育て世代を取り巻く課題　23
  - 3 保育が担う役割　27
- **4** 乳児保育で大切なこと …………………………………………… 28
  - 1 安心と挑戦の循環　28
  - 2 アロマザーとしての保育者　32

CONTENTS

第2章 乳幼児の基礎知識

1 発達の連続性 ·· 34
- **1** 胎児の発達　35
- **2** 誕生後の発達　36
- **3** たべる　44
- **4** ねる　48
- **5** だす　51
- **6** あそぶ　54

2 子どもの病気や、気になる子ども ································ 56
- **1** 子どもの主な病気　56
- **2** 気になる子どもへの対応　58
- **3** 乳幼児健康診査　59

3 健康観察と保育中の留意点 ······································· 61
- **1** いつもと違う　61
- **2** 健康観察　62

4 感染症予防 ·· 64
- **1** 保育所における乳幼児の生活と行動の特徴　64
- **2** 洗浄と消毒　64
- **3** 感染症発生時の対応　65

第3章 保育の計画と評価

1 保育の計画 ·· 68
- **1** 全体的な計画　68
- **2** 指導計画　69

2 保育の評価 ·· 76
- **1** 保育者の自己評価　76
- **2** 保育所の自己評価　77

第4章 乳児保育の実際

1 保育の環境 ·· 80
- **1** 室内の環境　80
- **2** 屋外の環境　85

2 0歳児の保育の実際 ··· 88
- **1** 乳児保育の基本的事項　90
- **2** 乳児保育のねらい及び内容　90

3 1・2歳児の保育の実際 ————————————————————— 96

1 1歳以上3歳未満児の保育の基本的事項　98

2 1歳以上3歳未満児の保育のねらい及び内容　98

第5章 乳児保育における連携・協働

1 職員間の連携 ————————————————————————————— 120

1 保育中の連携　120

2 多職種との連携 ————————————————————————————— 122

1 嘱託医　122

2 調理員　122

3 看護師　123

3 保護者との連携 ————————————————————————————— 123

1 連絡帳　124

2 災害時の連携　130

第6章 いろいろな場所で行われる乳児保育

1 3歳未満児の利用する保育施設 ———————————————————— 132

2 子育て支援の場における乳児保育 ————————————————— 134

1 子育て支援　134

2 保育所以外の乳児保育の場　138

3 社会的養護を担う乳児院 ———————————————————————— 140

1 子どもと関わる職員　140

2 子どもの生活　141

3 乳児院の役割と今後のビジョン　142

第7章 保育者としての自己覚知

1 保育者の意義 ————————————————————————————————— 146

2 保育者の及ぼす影響と相互作用 ——————————————————— 146

3 保育者としての自己覚知 ———————————————————————— 149

v

CONTENTS

第2部　乳児保育II　実践編

実践1　人的環境としての保育者 159

実践2　保育の計画 160

実践3　保育者の関わりと環境づくり 162

実践4　抱っこ・おんぶ 164

実践5　睡　眠 167

実践6　沐浴・清拭 169

実践7　授　乳 171

実践8　たべる－食事の援助－ 173

実践9　だす－おむつ交換－ 177

実践10　衣服の着脱 181

実践11　保育室の環境づくり 182

実践12　あそぶ 184

実践13　0・1・2歳児の教材研究－玩具を調べてみよう－ 187

実践14　散　歩 189

実践15　保護者との連携 191

実践16　保育者としての自己覚知 193

引用・参考文献　195

索　引　197

別　冊　実践ワークシート

表紙デザイン：Othello
表紙人形制作：早野　たづ子
表紙写真撮影：早野　茂夫
イラスト：Othello　赤川　ちかこ
　　　　：梅本　昇
　　　　：石田　ゆき　日本医療大学　非常勤講師
　　　　（全国看図アプローチ研究会専属アートスタッフ）

保育用語を確認しよう

　具体的な保育の計画や保育内容について学ぶ前に、保育内容で使用する用語について整理しましょう。

- **保育者**：この本では、保育所などの施設で子どもと関わる人
- **保護者**：この本では、主に家庭で子どもと関わる人
- **領　域**：保育者が子どもたちの生活を通して保育を行う視点であり、子どもに関わる環境を構成する視点（5領域は1つひとつが独立したものではなく、子どもの生活や遊びの中で相互に関連し合い、総合的に育まれていくもの）
- **ねらい**：子どもが生活を通して発達していく姿を踏まえ、保育所保育において育みたい資質・能力を子どもの姿から捉えたもの
- **心　情**：子どもが自ら一生懸命に取り組んだことで、充実感や満足感などの内面的な部分が育つこと
- **意　欲**：子どもが自ら進んで身体を動かそうとし、身近な人や環境に対しても自ら関わるなどの意欲が育つこと
- **態　度**：園生活を送る中で、その子ども自身に身につくことや、そのことに向けての積極的な取り組みのこと
- **内　容**：ねらいを達成するために保育者等が子どもの発達の実情を踏まえながら援助し、子どもが自ら環境に関わり身につけていくことが望まれるもの
- **内容の取扱い**：乳幼児期の発達を踏まえた保育を行うにあたって留意すべき事項

（参考資料：厚生労働省「保育所保育指針解説」、森上史郎・柏女霊峰　編
「保育用語辞典第5版」、ミネルヴァ書房、2009年より）

序章

子どもの権利を保障する乳幼児期の保育

　人が身体的・精神的、社会的にすべてが満たされた状態"ウェルビーイング"を実現していくときに、その基礎となる乳幼児期に関わる保育者の影響は大きいものです。
　子どもに関わる保育者として、"こどもの権利"について理解し、それを保障していくためにはどのような保育が望まれているのか、考えながら学びを進めていきましょう。

　「こどもまんなか社会」とは、全てのこども・若者が、日本国憲法、こども基本法及びこどもの権利条約の精神にのっとり、生涯にわたる人格形成の基礎を築き、自立した個人としてひとしく健やかに成長することができ、心身の状況、置かれている環境等にかかわらず、ひとしくその権利の擁護が図られ、身体的・精神的・社会的に将来にわたって幸せな状態（ウェルビーイング）で生活を送ることができる社会である。

（資料：こども家庭庁「こども大綱（令和5年12月22日）」より抜粋）

🌸 世界でも注目される乳幼児期の保育 🌸

＊1 世界保健機構
(WHO:World Health Organization)
1948年4月7日に、すべての人々の健康を増進し、保護するため、互いに他の国々と協力する目的で設立され、194の国と地域が加盟しています。日本は1951年5月に加盟しました。

世界保健機構（WHO）＊1により1948年に発行されたWHO憲章の前文には「健康とは、病気でないとか、弱っていないということではなく、肉体的にも、精神的にも、そして社会的にも、すべてが満たされた状態であること（日本WHO協会訳）と定義しています。

子どもの脳は、生後2〜3年の間に急速に成長します。その間に子どもは、身近にいる大人と情緒的な関係を築き、必要なケアを受けることで、生まれた環境に積極的に関わり、成長していきます。身近な人や、自らが生まれた場所、文化にあたたかく迎えられることは、子どもが自分の人生や未来を明るいものだと信じられる為に不可欠なことです。逆に、その時期になんらかの要因で、必要なケアを受けられない場合、マイナスの影響が、長期的に子ども自身やその家族だけでなく、社会にも及びます。

そのため、乳幼児期の保育は世界で注目されています。

episode 1
保育所の子どもたちは、今日もとっても楽しく遊んでいます。

子どもは国際的には最も幼い学習者として捉えられています。なかでも人生の最初の5年は子どもの発達に非常に重要とされ、質の高い乳幼児期の教育とケア（ECEC＊2）の恩恵は、他者と関わりながら心身ともに健康ですべてが満たされた生涯をおくることに大きく影響するとされています。

＊2 ECEC
(early childhood education and care)

＊3 OECD
(Organisation for Economic Cooperation and Development)

日本は世界的にみると、経済協力開発機構（OECD＊3）加盟国での子育て支援策は総合順位21位（41か国中）であり、改善の余地があるとユニセフも指摘しています。これらをふまえて、乳幼児期の全ての子どもが幸せに育つことができ、保護者が安心して子育てができることは重要なことだといえます。

🌸 ウェルビーイングの向上を目指して 🌸

　WHO憲章で使用されている「ウェルビーイング（well-being：良い状態）」とは、心身が健康であるだけでなく、社会的にも良好な状態を表す言葉です。子どもに限らず生涯にわたる全ての時期を通じてウェルビーイングの向上が重要とされています。

episode 2　ウェルビーイングってなんでしょう？

　つまり、子どもと周囲の大人にとってもウェルビーイングを高めることは重要なのです。子どもと周囲の全ての大人のウェルビーイングが高まると、社会全体のウェルビーイングも高まり、より豊かな社会が実現されるのです。

　特に大人のケアを必要としている乳幼児期には、子どもの家庭や地域社会の環境も含め、バイオ（身体的）・サイコ（心理・精神的）・ソーシャル（社会・環境）の3つの状況を総合的に把握して関わることが、子どものウェルビーイングの向上にとって不可欠です（図1）。

図1　ウェルビーイングの向上
（資料：こども家庭庁「幼児期までのこどもの育ちに係る基本的なビジョン」より）

序章　こどもの権利を保障する乳幼児期の保育

保育所は、子どもの人間形成の基礎を培う重要な時期を過ごす場となることを踏まえ、十分に養護の行き届いた環境を準備していますが、初めて保育所を利用する子どもにとって、保護者から離れて過ごす環境に不安や恐怖を感じるのは無理もないことです。保育者は、保育所において子どもに安心感を与えられる存在になる必要があります。乳幼児期の子どもの脳は、「感受性期」と呼ばれる時期にあり、脳発達において環境の影響を受けやすい時期です。乳幼児期は、生涯にわたるウェルビーイング向上にも特に重要とされています。保育者は子どもの「育ち」と「学び」の両面に深く関わる役割を担っており、子どもと信頼関係を築き、子どもにとって安心感が得られる存在になる必要があります。

episode 3
いろんな人たちとの交流会は、お互いにウェルビーイングが向上します

🌸 バイオサイコソーシャルとは 🌸

　バイオサイコソーシャルは、「個人」を中心に3つの視点が組み合わされてできた言葉です（表1）。

表1　バイオサイコソーシャルの3つの視点

① バイオ（Bio）身体的	身体の構造や健康状態などの視点
② サイコ（Psycho）心理・精神的	気分や行動といった心理的な視点
③ ソーシャル（Social）社会・環境	生活する社会や文化など社会的な視点

養護と教育が一体になった保育を目指して

1 養護に関する基本的事項

　乳幼児期は、様々な機能が環境に応じて発達していく重要な時期です。しかし、身体的・精神的には発達途上であることから、丁寧な対応が必要な時期です。保育においては、「養護」を中心とした働きかけが重要とされており、養護の働きとは「生命の保持」と「情緒の安定」を指します。厚生労働省「保育所保育指針」では、保育所における「保育の目標」として、「十分に養護の行き届いた環境の下に、くつろいだ雰囲気の中で子どもの様々な欲求を満たし、生命の保持及び情緒の安定を図ること」とされています。また同時に保育者が子どもの意欲を刺激し、発達を促すことを意図した魅力的な環境を整え、その環境に子どもが主体的に関わり、試行錯誤する体験の積み重ねを援助する「教育」も重視されます[*1]。

　保育所における保育は、この養護と教育を一体的に行うことをその特性としています。乳児保育の役割は、生涯にわたるウェルビーイングの基礎を培うため、家庭との緊密な連携のもとに子どもの健やかな成長発達を援助していくことにあります。

episode 4
子どもの様々な欲求を満たす環境づくりを心がけましょう

2 生命の保持と情緒の安定

　生命の保持とは、子どもの命を守ることだけに限らず、健康増進を図り、生理的欲求を適切に満たすことも含まれています。また**情緒の安定**とは、大人に守られ、個として尊重されることにより得られる心の安定を指します。生命の保持と情緒の安定は、子どもが生活していく上で欠かせない要素です（**図2**）。この2つが保障されて初めて、子どもは保育所という家庭とは違う場（すなわち子どもの成長・発達を見通して、子どもに経験してほしいことを保育者が意図的・計画的に整えた環境）において、保

＊1 「保育所保育指針解説」では、「保育所が、乳幼児期の子どもにとって安心して過ごせる生活の場となるためには、健康や安全が保障され、快適な環境であるとともに、1人の主体として尊重され、信頼できる身近な他者の存在によって情緒的な安定が得られることが必要である。保育士等には、子どもと生活を共にしながら、保育の環境を整え、1人ひとりの心身の状態などに応じて適切に対応することが求められる。保育における養護とは、こうした保育士等による細やかな配慮の下での援助や関わりの全体を指すものである。」と記されています。

育者に温かく見守られながら様々な挑戦ができるようになります。「安心」と「挑戦」の望ましい循環を通して、子どもは信頼できる身近な大人の見守りを感じながら、外の世界に向かって自分を発揮していろいろなことを体験し、生きる力を身につけていくのです。

生命の保持
1人ひとりの子どもが・・・

快適に生活できるように

健康で安全に過ごせるように

生理的欲求が、十分に満たされるように

健康増進が、積極的に図られるように

情緒の安定
1人ひとりの子どもが・・・

安定感をもって過ごせるように

自分の気持ちを安心して表すことができるように

周囲から主体として受け止められ、主体として育ち、自分を肯定する気持ちが育まれていくように

心身の疲れが癒されるように

図2 生命の保持と情緒の安定

(資料：厚生労働省「保育所保育指針」より作成)

そのためには、安全に配慮しつつ、子どもがくつろいで日々の生活を過ごせるように心がけます。保育者は、子どもを受け入れ、ここにいてよいのだと実感できるようにしていく姿勢が何より大切になります。

幼児期までのこどもの育ちに係る基本的なビジョン
（はじめの100か月の育ちビジョン）

　生涯にわたるウェルビーイングの向上のためには、生まれる前から将来までを見通した一貫したビジョンが求められます。そこでこども家庭庁[*1]では、「はじめの100か月の育ちビジョン」を策定し、母親が妊娠してから小学校1年生までの重要な時期に、1人ひとりの健やかな育ちが途切れることなく進むように大切にしたいことを5つのビジョンにまとめました（図3）。この策定には専門家や保育・教育関係者だけでなく、子どもや若者の声も反映されており、子どもに関わる保護者や保育者だけでなく、すべての人が子どもたちの育ちにとって大切な役割を担っていると考え、「こどもまんなか社会」[*2]を目指して様々な取り組みを進めています。

* 1　こども家庭庁
　様々な子どもに関わる社会問題に対応するため創設されました。その目的は、「こどもの視点で、こどもを取り巻くあらゆる環境を視野に入れ、こどもの権利を保障し、こどもを誰一人取り残さず、健やかな成長を社会全体で後押しする」ことです。

* 2　こどもまんなか社会
　「すべてのこども・若者が心身の状況や置かれた環境に関係なく健やかに成長し、将来にわたり幸せに生活ができる社会」

（1）子どもの権利と尊厳を守る
（2）「安心と挑戦の循環」を通して子どものウェルビーイングを高める
（3）「子どもの誕生前」から切れ目なく育ちを支える
（4）保護者・保育者のウェルビーイングと成長の支援・応援をする
（5）子どもの育ちを支える環境や社会の厚みを増す

図3　ビジョンを踏まえた取り組み
（資料：こども家庭庁「はじめの100か月の育ちビジョン」より一部改変）

　生涯におけるウェルビーイングの土台を培う乳幼児期に子どもと密接に関わる保育者は、常にこの5つの柱を意識しながら保育をしていくことが不可欠です。

🌸 幼児期の終わりまでに育ってほしい姿 🌸

　保育所での生活全体や遊びを通して子どもの生きる力の基礎は培われていきます。「育みたい資質・能力」とは、信頼できる保育者や安全で興味をひかれるものがたくさんある環境のなかで、主体的に活動していくことで育まれていく、小学校以降の学習の基盤となる姿勢です。「幼児期の終わりまでに育ってほしい姿」は、生活や遊びを積み重ねることで育まれてくる子どもの具体的な姿です(図4)。重要なことは、保育所・認定こども園・幼稚園等の幼児教育・保育施設と、小学校などで子どもに関わる大人たちが、子どもの育ちの見通しについて方向性を共有し、連続性をもって関わることで、子どもの育ちを支えていくことです。

幼児期の終わりまでに育ってほしい姿

- 健康な心と体
- 自立心
- 協同性
- 道徳性・規範意識の芽生え
- 社会生活との関わり
- 思考力の芽生え
- 自然との関わり・生命尊重
- 数量・図形、文字等への関心・感覚
- 言葉による伝え合い
- 豊かな感性と表現

図4　幼児期の終わりまでに育ってほしい姿
（資料：厚生労働省「保育所保育指針解説」、2018（平30）年より作成）

episode 5
　　　みんなで子どもの育ちを支えていきましょう

🌸 子どもの権利 🌸

1 子どもの権利条約

　子どもは、未熟だから何もできないのではなく、伸び伸びと育ったり、意見を表明したり、社会に参加することができる存在です。それは、言語でのコミュニケーションが発達途上である0〜3歳未満の子どもたちも同じです。世界には、「児童の権利に関する条約（通称：子どもの権利条約）」という条約があります。「子どもの権利条約」は、前文と54条からなる、世界中の全ての子どもがもっている権利を定めた条約です[*1]。

*1　第44回国連総会(1989年11月20日)において採択され、締約した国や地域は196で、日本がこの条約に批准したのは1994年です。

> **子どもの権利条約　4つの原則**
> ❶ 差別の禁止
> ❷ 子どもの最善の利益
> ❸ 生命、生存および発達に関する権利
> ❹ 子どもの権利の尊重

episode 6
　どんなに小さい子どもでも、生まれたときから権利があるのです。

2 児童福祉法

　日本にも、子どもの権利に関する法律「児童福祉法」[*2]があります。「児童福祉法」は、1947(昭和22)年に初めて制定され、時代に合わせて何度も改定を重ねています。子どもが良好な環境において生まれ、心身ともに健やかに育てられるよう、児童虐待防止など全ての子どもの福祉を保障する法律です。乳児、幼児などの定義や、保育所、保育士についても規定がされています。

*2　児童福祉法第1章総則
「全て児童は、児童の権利に関する条約の精神にのっとり、適切に養育されること、その生活を保障されること、愛され、保護されること、その心身の健やかな成長及び発達並びにその自立が図られること、その他の福祉を等しく保障される権利を有する。」

序章　こどもの権利を保障する乳幼児期の保育

3 児童憲章

児童憲章とは、1951（昭和26）年、日本国憲法の精神に則り、全ての子どもの幸福と、そのために大人が守るべき事項を制定したものです。多くの国民の意見や有識者が集まって制定したもので、法的な責任はありませんが、3つの柱と12条の条文があります。

> ### 児童憲章　3つの柱
> ❶ 児童は、人として尊ばれる。
> ❷ 児童は、社会の一員として重んぜられる。
> ❸ 児童は、よい環境の中で育てられる。

4 こども基本法

2023（令和5）年に創設されたこども家庭庁は、「こども基本法」を定めています。こども基本法とは、日本国憲法や子どもの権利条約の精神にのっとり、これからを担う全ての子どもや若者が生涯を幸せに暮らすことができる社会を目指し、こども施策の基本理念や、こどもの意見の反映などについて定める法律です。

> ### こども基本法　6つの理念
> ❶ すべてのこどもは大切にされ、基本的な人権が守られ、差別されないこと。
> ❷ すべてのこどもは、大事に育てられ、生活が守られ、愛され、保護される権利が守られ、平等に教育を受けられること。
> ❸ 年齢や発達の程度により、自分に直接関係することに意見を言えたり、社会のさまざまな活動に参加できること。
> ❹ すべてのこどもは年齢や発達の程度に応じて、意見が尊重され、こどもの今とこれからにとって最もよいことを優先して考えられること。
> ❺ 子育ては家庭を基本としながら、そのサポートが十分に行われ、家庭で育つことが難しいこどもも、家庭と同様の環境が確保されること。
> ❻ 家庭や子育てに夢を持ち、喜びを感じられる社会をつくること。

5　こども大綱

　こども大綱とは、こども基本法に基づき、2023（令和5）年12月22日に閣議決定されました。その内容は、「こどもまんなか社会」を実現するために、少子化対策や、貧困対策などを含めた、政府全体のこども施策に関する基本的な方針（**表2**）や重要事項、こども政策を推進するために必要な事項などを1つにまとめたものです。こども大綱を作成するにあたり、こどもや若者、子育て当事者や子育て支援を行う団体、学識経験者などの意見を反映させています。

　そのなかで、保育については、生涯にわたる人格形成の基礎を培う重要なものとされ、地域や家庭の環境にかかわらず全ての子どもへの質の高い保育の保障と、そのための人材確保・待遇改善などを進めていくことが明記されています。

表2　こども施策に関する基本的な方針

① こどもを権利の主体とし、多様な個性を尊重し最善の利益を図る

② こどもや子育て当事者の視点を尊重し、対話しながら進める

③ ライフステージに応じて切れ目なく、十分に支援する

④ 生育環境を整え全てのこどもが幸せに成長できるようにする

⑤ 若い世代の生活が安定し、子育てに希望をもてるよう取り組む

⑥ 関係省庁や地方公共団体、民間団体等との連携を重視する

子どもアドボカシー

　子どもアドボカシーとは「子どもの声を聴きながら、子どもと大人がパートナーとなり、子どもの声を表現していくこと」、そして子ども自身の人生の指標となるベースをつくる、とても大切な過程です。

　子どもの権利条約の第12条に「意見を表す権利」があります。「意見を表す権利」とは、子どもたちにとって当たり前に与えられている権利です。子どもが「自分自身の意見を表す」ためにはどうしたらよいでしょうか？

　様々なアプローチの方法があるとは思いますが、とても重要な観点として、子どもが小さい時から「声を聴かれる経験」を積み重ねてきたことが必要不可欠なのではないでしょうか。"子どもの声を聴く"ということは、ただ子どもたちが表出している言葉だけが「声」とは限りません。まだ多くの言葉をもたない子どもたち。とても小さい声をどのようにして大人が聴いていくのか。いま、私たちに問われているとても大切な課題です。

　"言葉をもたない子どもたちの声を聴く"ことは、大人にとって非常にスキルが必要なことであり、皆さんを含む、私たち大人の技量が発揮されていく場面なのではないでしょうか。

　私が今まで関わってきた経験の中から、これから子どもと共に最前線の現場に立たれるであろう皆さんに重要なポイントをお伝えします。

❶ 子どもが選んだものを尊重する

　赤ちゃんでも、幼児でも、意志が無いわけではありません。もうすでに様々な方法で意志を表現しています。子どもたちがおもむろに掴んだものをできる限り尊重すること、子どもにとってこの経験が「自分自身の声を聴かれた」経験になっていきます。ここからもう「子ども主導」は始まっているのです。子どもが主体的に生きていくための小さな経験を、子どもたちと一緒に共有し、大切にしてほしいと思っています。

❷ 子どもが表現したことを、大人側が言語化しラベルをつけていく

　選んだもの、泣いているところ、笑っているところ…。子どもたちは様々なことをコロコロ変えていきながら表現していきます。そのなかで今、子どもが表現している言葉にならない表現を、大人側の私たちが表現しながらラベリングしていくこ

と。この経験は案外小さいことかもしれませんが、私の経験上とても大切なことです。

　小さい頃から感情にラベルをつけてもらった経験を積み重ねていくと、子どもたちが今後、自分の人生を生きていく中で、とても耐えられないことが起きたり、声を失ってしまいそうなった時、自分を支える強い指針となっていきます。もし感情にラベルをつけてもらった経験がなければ、今自分が何を思い、何を感じているのか分からなくなり、自分自身を見失ってしまう。けれども小さい頃から自分にとっての安全基地のなかで安心できる大人と共に育んできた感情をラベリングしてもらった経験、感情を認識する力が育っていれば、その人の一生を支えていくことになります。そして、無条件に自分の感情を受け止めてもらった経験があれば、子どもが大きくなった時、誰かに助けを求めなければならない時、自分の言葉で「助けて」と言えるようになるのだと思っています。

　どちらにも、私たち大人側の観察力、大人側の力が必要です。「赤ちゃんだから」、「幼児だから」と思いながら関わることは、正直難しいことではないと思います。でも、それは本当に子どもたちの力を育んでいけるのでしょうか？逆に赤ちゃんや幼児を1人の人として関わることの方が難しいのではないでしょうか。「赤ちゃんだから」、「幼児だから」というメガネを外し、「その子自身」を「その人自身」として捉えなおして関わることができれば、少しずつその子ども自身がもつ気持ちの波や、その子のもつ表現を知ることができ、その人の世界が見えてくるのではないかと思います。

（全国子どもアドボカシー協議会 / 子どもアドボカシー学会 理事　渡辺 睦美）

Episode 7

さぁ、一緒に学んでいきましょう！

第1部
乳児保育Ⅰ 理論編

第1章 乳児保育とは

> "乳児保育"とはどのような保育をいうのでしょうか?
> 対象となる子どもは?
> 乳児保育の意義とは?
> 　時代の要請に応じて変化してきた乳児保育の歴史的変遷や、今後検討していく必要のある課題などについて、"こどもまんなか"の視点を重視しながら整理してみましょう。

　乳児から2歳児までは、心身の発達の基盤が形成される上で極めて重要な時期である。
　また、この時期の子どもが、生活や遊びの様々な場面で主体的に周囲の人やものに興味をもち、直接関わっていこうとする姿は、「学びの芽生え」といえるものであり、生涯の学びの出発点にも結び付くものである。

(厚生労働省「保育所保育指針解説」、2018(平30)年より抜粋)

1 乳児保育の対象と意義

1 乳児保育の対象

乳児保育の対象となる子どもは、3歳未満児[*1]です。
「児童福祉法」の定義では、
- 乳児…満1歳に満たない者
- 幼児…満1歳から小学校就学の始期に達するまでの者

と定義されています[*2]（図1-1）。

*1 日本語の意味としては3歳未満児には3歳児は含まれませんが、クラス編成で考えると2歳児クラスには3歳になった子どもも在籍しているため、3歳の発達も含めて学びます。

*2 母子保健法の定義では生後28日未満の乳児を新生児といいます。

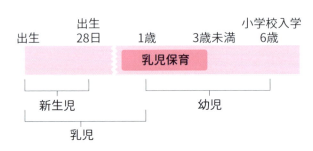

図1-1 乳児保育の対象

2 乳児保育の意義

生まれてから3歳未満児は、人生の中で一番成長・発達のスピードが速い時期です。その時期に、安心・安全な環境の中で、子ども自身が、自ら環境に関わっていき、遊びこむことで、発達は促されていきます。保育者は、**アタッチメント**[*3]の対象として、子どもに安心感と探索の意欲が育まれていくように、温かく応答的な関わりを行います。子どもと共に環境を構成し、その子どもの経験や遊びが豊かに展開されるよう、その専門的知識をフルに活用しながら、保育を行います。

発達には個人差があり、この時期に「これができなくてはならない」というように、あてはめて考えることは危険です。一方で、「いつかできるようになるから大丈夫」と鷹揚（おうよう）に考えすぎると、隠れている病気や障害を見落とし、受けられたはずの治療や療育を受ける機会を失うことにもつながります。そのため、保育者には子どもに関する知識、病気についての知識など幅広い知識が必要となります。

また、保護者支援も重要な役割の1つです。保護者にとって、子どもの誕生は生活に大きな変化をもたらします。子育て期の中でも特に大変さを感じやすい時期です。その時期に、子育てについて情報を得ることや、

※乳児の受け入れ時期は保育所によって異なります。

*3 アタッチメント
特定の人との間に形成される緊密な情緒的絆を指します。ボウルビィ（イギリスの医学者）やエインズワース（アメリカの発達心理学者）が提唱しました（表1-1参照）。

悩みや喜びを共有する相手として、保育者は、重要な役割を果たします。

このように、人生の最初期で、最も発達のスピードが速い時期の子どもたちが、温かく応答的な関わりを通して、自ら環境に関わっていくことの基盤を育むこと、また、保護者が大きな生活の変化に対応し、悩みながらも喜びをもって子育てに取り組むことを支えていく事に、乳児保育の意義があります（図1-2）。

図1-2 乳児保育の意義

3 子どもを理解するために

まずは、保育者としてどのように子どもを理解するのかについて考えていきましょう。

保育者が、理論を学ぶ目的は、子どもの姿や発達、保育実践を語りだす豊かな言葉をもち、根拠をもった質の高い実践につなげることです。乳幼児期の発達を考える上で、理論と重要概念は、子どもの発達の一場面を共有する感動とともにその現象を子どもの姿と結びつけて説明することができます（表1-1）。

表1-1 子どもを理解するための理論の変遷

人物	内容
エリクソン (Erik Erikson)	【心理社会的発達理論】の提唱（1950年） 　心の発達過程を8つの段階に分け、それぞれの段階における心の特徴や、発達課題を示しました。各段階で直面する葛藤を心理社会的危機として提示しています。乳児期には「基本的信頼」、幼児期前期には「自律性」といった課題があります。 　この課題が達成されない場合、心理的危機(強いストレス状態、人格形成の未熟さ)が訪れその後の発達に影響するとしています。

表 1-1 つづき

人 物	内 容
ピアジェ (Jean Piaget)	【発生的認識論】の提唱（1950 年） 　「知識は外界から与えられる」のではなく、「子どもと環境との相互作用を通じて自ら構築する」というものです。子どもは、科学者のように試行錯誤しながら物事を理解していくことを主張しました。
ポルトマン (Adolf Portmann)	【生理的早産】の提唱（1951 年） 　「人間の新生児というのは、身体的にも生理的にも未熟な状態で生まれてくる」 　人間の出産は生理的早産といわれ、未熟な状態で生まれてきます。そのため、生まれたばかりの乳児は身体的には自分で姿勢を変えたり、移動したりすることもできません。
ウィニコット (Donald Woods Winnicott)	【移行対象】の提唱（1951 年） 　およそ 4 か月～2 歳頃を「移行期」とし、この時期の子どもが肌身離さず持ち歩く毛布、やわらかい布きれ、人形、ぬいぐるみなどが移行対象といいます。移行対象は、「自分でない」所有物であり、母子合体の対象です。この対象のおかげで、乳児は母親との分離に突然直面しなくてもすみます。こうした行動を示す成長の過程を移行現象といいます。この過程には、子どもに自然愛情と優しさを注ぎ一緒に過ごす時間を楽しむことが出来る「ほどよい母親」の存在が不可欠であるとしています。
ボウルビィ (John Bowlby)	【愛着理論（アタッチメント理論）】の提唱（1969 年） 　「乳幼児と親（養育者）との関係性」をまとめた理論です。「親（養育者）の世話・養育を求める乳児の行動」を愛着行動と名づけ、発信行動（泣く、笑う、声を出すなど）、定位行動（目で追う、接近するなど）、能動的身体接触行動（抱きつく、よじ登るなど）の 3 つのパターンに分けています。また、愛着行動の発達を 4 段階（生まれてから生後 12 週・生後 12 週から 6 か月頃まで・生後 6 か月頃から 2,3 歳頃まで・3 歳以降）で説明しており、子どもが成長して、内面的なアタッチメントが形成・発達すると、愛着行動は減っていくとしました。子どもは愛着行動を通して、「養育者から安心感や愛護感を得られる」ということを学びます。愛着行動は、安定した人間関係を築く基礎にもなっているのです。
ギブソン (Gibson, J.J.)	【アフォーダンス理論】の提唱（1977 年） 　人は環境内にある情報を知覚し、それによって行動を調整しています。環境の価値や意味は、人の心の働きによって生まれるのではなく、環境自体が様々な意味を提供しているという考えです。
スターン (William Stern)	【自己感の発達】の提唱（1985 年） 　生まれて間もない乳児も自己をもっていて、外界に能動的に関わり合っているとする理論です。乳児の主観的世界を新生自己感、中核的自己感、主観的自己感、言語的自己感の 4 つの領域で示しました。また、乳児の情動に対して母親などの養育者が情動を合わせ、対応する行動をする「情動調律」を自己感の発達に大きく関連するとして、重要視しています。

> **column**
>
> ### アフォーダンス理論と保育
>
> 　例えば、いつも入口が開いている部屋で保育をしていると、子どもは室外に出てよいものと感じて室外に出ようとしますが、入口を閉めておくと室外へ出なくなります。大人の感覚とは違い、開いている入口は子どもに対して、室外に出てよいという情報を提供していることを示しています。
>
> 　アフォーダンス理論は、保育において「保育の環境作り」という意味で使われています。
>
> 　子どもたちが「〜したい！」と思えるような環境づくりをすれば、自然と子どもたちの意欲・やる気を引き出すことにつながる、という考え方につながっています。

2 社会から求められる乳児保育

　人間の子どもは、生まれてしばらくは自分で頭を支えられず、1人で移動したり、食べ物を摂取したりすることも大人の手を必要としています。泣くことで、自分の思いや欲求を他者に伝えます。子どもがひとり立ちできるまで、大人が保育を行うことは、次の世代をつないでいくために不可欠なことです。

　授乳、おむつ交換、沐浴など子どもの身の回りのケアをしたり、子どもの行動や情動に愛情をかけながら応答的に関わったりすることを**マザリング**（mothering）といいます。

　衛生環境や医療が整っていなかった時代には、家族や親せき、顔なじみの近隣の人の協力がないと子どもを育てることは困難でした。また子どもの養育だけでなく、出産した母親をしっかり休ませ、体力を回復させることも大切にされていました。

　例えば産後しばらくは乳児のケアに注力できるように家事は家族が担ったり、家業が休めるように協力体制を作ったりしてきました。母乳が十分に出ない母親に代わって、母乳が十分に出る近隣の他の母親から「もらい乳」をすることなどはごく普通に行われていました。

　子どもは、"七つまでは神のうち"といわれ、家族だけでなく近隣の人の協力の中で大切に養育されていたのです。

母親1人が子育てを担うのは非常に困難です。それは、衛生環境も医療も整っている現代でも変わりません。必ず、母親以外の他者の協力が必要になります。母親以外の人による子どもの養育のことを**アロマザリング**（allomothering）といいます。母親以外（allo）が行う養育行動（mothering）を指し、父親や祖父母、兄姉などの家族はもちろん、近隣の知人、地域社会の保育所や幼稚園、認定こども園や医療施設なども含んでいます。このようなアロマザリングによる養育は他の動物と比較しても、命をつないでいく戦略的な養育行動として、人間に特有のものです。

1 保育施設の変遷

明治時代に入ると、血縁関係によらないアロマザリングが多様化していき、貧困層の子どもを対象とした保育施設もつくられていきました[*1]。

1872（明治5）年、明治政府が「学制発布」したことで、学齢期の子どもたちは学校に行くようになりました。しかし、小さな子どもたちのケアは年上の子どもたちの大事な仕事だったため、姉や兄が学校に乳幼児を連れていくこともあり、学校で落ち着いて勉強ができない子守への対策として、学校に併設した「子守学校」や「子守学級」[*2]をつくり、このような対策は全国にも広がっていきました。

このように働く母親の労働環境が守られるとともに、乳児の保育環境や年上の子どもたちの学習環境もつくられていきましたが、まだ乳児を養育するアロマザリングの環境としては安全面、衛生面等においても整っておらず、関わる大人も子育て経験のある女性が中心で、専門的な知識や技術をもっているわけではありませんでした（**図1-3**）。

---

*1　幼稚園に通える子どもは、富裕層の子どもに限られていました。幼稚園に勤務していたクリスチャンの野口幽香と森島峰は、通勤途中に出会う貧困層の子どもたちにも保育が必要と考え、1900年、二葉保育園を設立しました。
　戦時の婦人労働力動員を目的とした戦時保育施設などもつくられました。

*2　子守学校の代表例
・1883（明治16）年
　渡邊嘉重「子守学校」
・1890（明治23）年
　赤澤鍾美
　「静修学校の託児所」

● 居宅外で働く母親の増加に伴い、近隣の子育て経験のある人が地域の子どもたちをみる

● 働いている工場の中で女性職工の子どもを預かったりする託児所、託児室のような形態が設けられる

図1-3 明治時代の多様な形のアロマザリング

（1）児童福祉法の制定

第2次世界大戦後には、戦争で父親を失った家庭、家族を失った子どもたちが多くいました。終戦後の1947年、すべての子どものための法律として「児童福祉法*1」が制定され、保育所は児童福祉を保障する児童福祉施設の1つとして位置づけられました。

その後、日本はめざましい戦後復興を遂げます（高度経済成長期1950年代〜1970年代）。この時期は急激に社会構造が変化します。共働き世帯が増加し、保育所の需要も増加しました。しかし、社会の需要とは裏腹に3歳児神話*2、母性神話*3などが根強く残ります。そんな中で、働く女性たちによる、「ポストの数ほど保育所を」という社会運動がおこりました。

（2）乳児保育の一般化

「乳児保育」は社会のニーズにこたえる形で1969（昭和44）年度から始まりましたが、当初は低所得層に限られていました。徐々に所得制限が緩和されていき、1998（平成10）年、「特別保育事業の実施について」により「乳児保育指定保育所及び乳児保育指定外特例保育所」が廃止され、すべての保育所で乳児保育が実施できるようになり、一般化されました。

2 社会システムとしての保育施設の多様化

家族や親戚などの血縁関係によらず、知識や技術などの専門性を有する保育者が、環境を整えてルールに則って行う社会システムとしてのアロマザリングが保育所での保育です。幼稚園や2006（平成18）年に制度化された認定こども園*4での保育も社会システムとしてのアロマザリングで、「子どもは周りの人々との関係の中で健全に育っていく」という考え方が重視され、保育が行われています。このようにそれぞれの時代に応じて子育てに関する意識は変化し、時代のニーズに応えられるようにアロマザリングの形も変遷を重ねてきました。

その中で保育所等は単に家庭の代替環境ではなく、子どもの最善の利益を考慮し、積極的に福祉を増進することに最もふさわしい生活の場であること、保育者は保護者のピンチヒッターではなく、専門性をもったアロマザーとして子どもと社会とをつなぐ独自な役割を担った大人であることととらえられています。

---

*1　児童福祉法
p.9参照

*2　3歳までは、母親が育児に専念すべきという考え方。「厚生白書（平成10年）」では、合理的な根拠は認められないとしている。

*3　妊娠・出産・ほ乳ができる性である女性は，生得的に子育てする能力があるとする「母性」という考え方から、子育てにおける「母性」の果たす役割が過度に絶対視され、「母親は子育てに専念すべき」と社会的にも考えられていること。育児ストレスの一因ともいわれる。

*4　認定こども園
p.133参照

理論編

第1章

乳児保育とは

memo

2015（平成27）年から地域型保育事業が施行されました。地域型保育事業には、家庭的保育事業、小規模保育事業、居宅訪問型保育事業、事業所内保育事業の4つの事業があり、対象となる子どもは0〜2歳児です（p.140参照）。
事業者は市町村から認可を受け、補助金を受給しながら保育事業が始められ、保護者は家庭環境に合った保育所を選択できるようになりました。

3 子育て世帯を取り巻く環境

1 少子化と就労形態の変化

現代の子育て家庭を取り巻く状況をみていきます。高度経済成長期を経て、家族の形も多様化しました。核家族が増え、男性雇用者と専業の妻からなる世帯より共働きの世帯の方が多くなっています（図1-4）。

図1-4 共働き等世帯数の年次推移

（資料：総務省統計局「労働力調査特別調査（1980～2001年）」、「労働力調査（2002年以降）」より作成）

*1 1.57ショック
1989（平成元）年の合計特殊出生率が、1966（昭和41）年「ひのえうま迷信（ひのえうまに生まれた女性は気性が荒いという迷信）」により低かった合計特殊出生率の1.58を下回ったこと。

子どもに関わる大きな社会問題の1つが少子化です。1989（平成元）年の1.57ショック*1を契機に、政府は少子化を問題として認識し、対策を打ち出しています。しかし、出生数、合計特殊出生率共は一時上昇したことはあるものの、減少傾向が続いており、2023（令和5）年の出生数は72万7,277人、合計特殊出生率1.20と過去最低を更新しています（図1-5）。

また、日本の女性の労働力率はM字カーブを特徴としていましたが、M字のへこみはなだらかになり、台形に近づいてきました（図1-6）。その背景の1つとして、「雇用の分野における男女の均等な機会及び待遇の確保等に関する法律」（通称：男女雇用機会均等法）をはじめ、「育児休業、介護休業等育児又は家族介護を行う労働者の福祉に関する法律」（通称：育児・介護休業法）を整備する等、子育てと仕事の両立をしやすくするための政策があげられます。

子育てと仕事が両立しやすいように変わってきました。

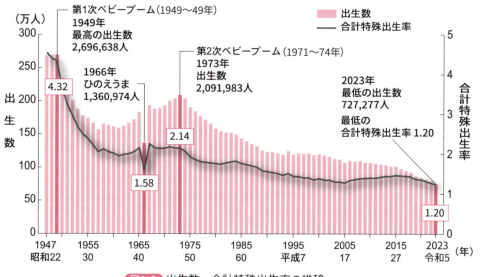

図1-5 出生数、合計特殊出生率の推移
（資料：厚生労働省「人口動態統計」より作成）

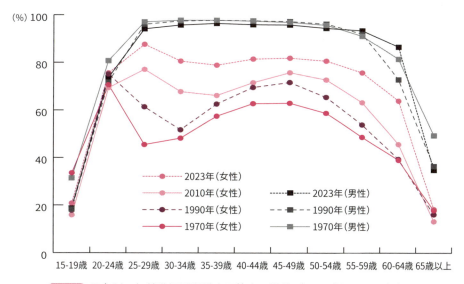

図1-6 男女別・年齢階級別労働人口比率の推移（1970年～2023年）
（資料：総務省統計局「労働力調査」より作成）

　このように母親の就労を後押しし、社会で働きやすい環境整備のために保育所、特に産休や育休明けの乳児保育は不可欠なものとなっています。
　近年はコロナ禍の影響もあり、テレワークや時短勤務など多様な働き方も推奨されるようになってきました。一方で、働かなければ子どもと家族の生活が成り立たないにもかかわらず、仕事上のキャリアが妊娠出産で一

時的に中断されたり、子どもの急病などで休むことへの罪悪感を抱いたりといった、子育てしながら働きにくい空気がつくられていることは問題点として残っています。働く保護者の心理的な支援という意味でも乳児保育の意義は大きいです。

> **memo**
>
> - **「雇用の分野における男女の均等な機会及び待遇の確保等に関する法律」**
>   労働者が性別によって差別されず、雇用の機会と待遇の確保されることや、女性労働者に対する、妊娠出産の健康の確保を図る措置を推進することを目的とする法律。
> - **「育児休業、介護休業等育児又は家族介護を行う労働者の福祉に関する法律」**
>   育児や子どもの看護、また介護により休業する際の制度に関することや、育児や介護をしやすくするため事業主が講ずべき措置を定めている。また、それにより労働者の雇用の継続や再就職の促進を図り、家庭と仕事の両立に寄与し、労働者と家族の福祉の増進、経済や社会の発展に資することを目的としている。
> - **「女性の職業生活における活躍の推進に関する法律」**（通称：**女性活躍推進法**）
>   女性自身が自らの意志によって仕事でその個性と能力を十分に発揮し、活躍することがより重要となっていること、その活躍の推進について定めることにより、男女の人権が尊重され、急速な少子高齢化など社会情勢の変化に対応できる社会の実現を目指している。

---

column

子どもと保護者を取り巻く社会へのアプローチ

　みなさんは、外出時に赤ちゃんを見かけることがあると思います。誰が抱っこしているでしょうか？誰と手をつないでいるでしょうか？また、おむつ交換台はどこにあるでしょうか？

　保育所の見学など、子どもの事に関して夫婦で来ているご家庭も多くみられます。コロナ禍による働き方の変化にともなって家族の役割分担を見直した家庭もあります。父親の子育てへの参加が増加するなかで「母性神話」、「3歳児神話」がその妨げとなっている場合もあります。子どもが生まれた直後の時期に育児休業が柔軟にとれるように、出生後8週間以内に4週間まで、2回に分割して取得できる「産後パパ育休」などの制度もありますが、職場内で言いだしにくい、産休を終えた後に戻る場所がないなど制度を利用しにくいこともあります。子どもの急病などで早退や欠勤をする保護者に対して「子持ち様」と批判的に呼ぶこともあります。人手不足や、フォローする仕組みがないなどの職場環境の問題と子育ての問題を混同した結果、誰にとっても生きづらい状況を生み出しているように思われます。

　誰か1人に責任を負わせたり、誰かのせいにしたりすることは簡単ですが、問題の本質へのアプローチがなければ根本的な解決にはなりません。保育者は、日々子どもと保護者に接する仕事です。それぞれがどんな問題を抱え、どんな生きづらさを感じているのか、その気持ちに寄り添い、問題解決に向けて一緒に考えたり、対応する機関につながることを後押ししたり、それらの問題点について世間に発信していくことができるのではないでしょうか。

2 子育て世代を取り巻く課題

　保護者の就労形態の変化に伴う長時間保育によって、保護者と子どもがともに過ごす時間が短くなることや、子どもと接したことのない次世代が育ったりすることも、今後に向けて取り組まなければならない課題です（図1-7）。

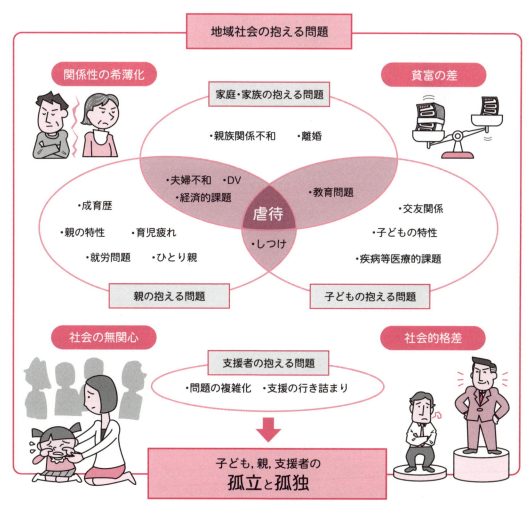

図1-7 子育て世代における課題
（資料：認定NPO法人 児童虐待防止協会HPより作成）

(1) 児童虐待

保護者には、保護者自身の性格や、生まれ育ってきた経験があり、子どもには子どもの性格があります。また、保護者においては、夫婦間の関係性、シングルでの子育て、実家や近隣などに頼れるかなど、社会的に孤立してしまう事もあります。そうした要因が複雑にからみあい、児童虐待という大きな問題につながることもあります。

「児童虐待の防止等に関する法律」（通称：児童虐待防止法）において児童虐待は、① 身体的虐待、② 性的虐待、③ ネグレクト（保護の放置、怠慢）、④ 心理的虐待の4つに分類されています（表1-2）。特に3歳未満児は日常生活の多くに大人の手が必要ですが、自我の芽生えの時期で、自分の意思やこだわりを表出するようになるため、大人のストレスが子どもに向けられることがあります。

表1-2 児童虐待の分類

分 類	内 容
身体的虐待	殴る、蹴る、叩く、投げ落とす、激しく揺さぶる、やけどを負わせる、溺れさせる、首を絞める、縄などにより一室に拘束する など
性的虐待	子どもへの性的行為、性的行為を見せる、性器を触る又は触らせる、ポルノグラフィの被写体にする など
ネグレクト	家に閉じ込める、食事を与えない、ひどく不潔にする、自動車の中に放置する、重い病気になっても病院に連れて行かない など
心理的虐待	言葉による脅し、無視、兄妹間での差別的扱い、子どもの目の前で家族に対して暴力をふるう（DV）、兄妹に虐待行為を行う など

（資料：こども家庭庁HP「児童虐待防止対策」より）

(2) 子どもの貧困問題

近年、子どもの貧困も注目されるようになってきました。子育て家庭の貧困問題は、経済的に困窮していることのみでなく、子どもの健康的な生活習慣が身につかない、学習に集中することができない、そして世代間連鎖しやすいなど多岐にわたっていることです。

これらは、子ども本人が自覚しにくく、支援を求める先が分からないなど、社会的支援につながりにくいことも特徴として挙げられます。こうしたことからも保護者・保育者のウェルビーイングと成長の支援・応援をすることが必要とされています。

児童虐待の実際

　児童相談所における児童虐待相談対応件数も年々増えており、2022（令和4年）度は過去最多で219,170件です（図1-8）。心理的虐待が一番多くなっています。児童虐待への関心が高まり、通告が増えたこともありますが、コロナ禍の影響により、利用していた施設が一時的に閉鎖するなど、つながりが切れてしまったことや、特に非正規で働いていた人が、雇用先の業績悪化により仕事を継続できなかったり、在宅勤務や保育所の休園などで家族の在宅時間が増加し、家事・育児の絶対量が増加し、生活満足度が低下したことなどが原因として考えられます。

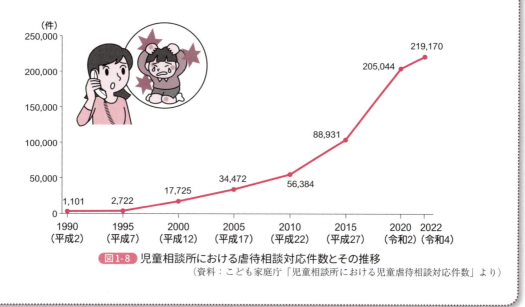

図1-8 児童相談所における虐待相談対応件数とその推移
（資料：こども家庭庁「児童相談所における児童虐待相談対応件数」より）

3 保育が担う役割

　「保育所保育指針」では、保育所を利用している保護者のみならず、地域の保護者に対しても専門性をもった保育者がモデルとなって、子育て支援を行うことが記されています。

　高い専門性をもつ保育者が保護者を支え、様々な社会資源を活用したネットワークを作ることで、子どもの成長・発達を豊かに支えることが可能になります。

　専門性を有した保育者として、まずは子どもにより良い保育を行うこと、そして保護者や地域の方などと協力し合いながら、望ましいアロマザリングを実践していくために常に資質の向上を心がけることが大切です。

4 乳児保育で大切なこと

1 安心と挑戦の循環

　こども家庭庁は、「こどもの誕生前から幼児期までの育ち」の最たる特徴は、「アタッチメント（愛着）の形成」と「豊かな遊びと体験」が重要とし、「こどもの育ちの鍵となる考え方を『安心と挑戦の循環』」としています。ここからは、安心と挑戦の循環について詳しく考えていきます。

（1）アタッチメントの形成

　子どもは空腹やかまってほしい、大きな音がしてびっくりしたなどの危機的な状況に際して、また潜在的な危機に備えて特定の大人にくっつくことで不安定な状態を立て直そうとします。この情緒的な絆の事をアタッチメント（愛着）といいます。

　保育所においては保育者が子どもにとって最も身近な信頼すべき大人です。子どもが安心して園生活を送れるよう、保育者は子どもの言葉だけでなく、指差しや身振りや手振り、表情などに表れる言葉にならない子どもの思いを汲み取り、応答的に関わっていくことが重要です。

　子どもによっては、保育者にたくさん密着することで安心できる子どももいれば、どちらかというと少しの関わりで満足する子どももいます。子どもの欲求をよく理解し、誰と、どのような場面で、どのような関わりを好むのか、どのようなことが苦手なのかなどに留意しながら、1人ひとりの子どものありのままの思いを受け止めつつ、他の保育者や子どもたちとの間をつなぎながら温かい表情や言葉で応答していきましょう。

保育者の関わり1

子どもの生理的欲求を受け止める

　言葉を獲得する前の子どもは「おなかがすいた」、「眠い」、「抱っこしてほしい」などの生理的欲求を泣くことで表現しますが、このときに身近な特定の大人が穏やかな笑顔と落ち着いた声で「おなかがすいたのね」、「眠いのね」などと丁寧に声かけをしつつ抱き上げて授乳したり、ゆっくりと体を揺らしながら歌を歌ったりすることを何度も繰り返す過程で徐々にアタッチメントが形成されていきます。

　特定の保育者が子どもの気持ちを受け止め、1人ひとりの甘えや要求を十分に受け止め、授乳時は安心してくつろぎ、眠りにつくときは安心して布団に入るなど心地よく過ごせるようにします。成長には個人差があるため、保護者から情報を得て生育歴の違いを把握します。日常生活に関係することは詳細に情報を共有し、家庭での対応の仕方を考慮して関わります。

column

保護者とのコミュニケーションを大切に

　初めて家庭以外で過ごす子どもは不安でいっぱいです。それは子どもと離れて仕事へ向かう保護者も同様です。保護者と会う送り迎えのわずかな時間でコミュニケーションをとる必要があります。それにはまず笑顔で挨拶が大切です。日々の小さな積み重ねが保護者との信頼関係を築いていきます。登園時と降園時の限られた時間で保育所での子どもの様子を伝えましょう。子どもが実際に言っていた言葉・表情・周りのお友だちとの関わりなど、具体的に伝えることで保護者もそのシーンを想像しやすくなり、感動や発見を一緒に喜び合うことができます。

　保護者との信頼関係が築けると、家庭での様子を教えてもらったり、育児などで相談されたりすることもあります。家庭での様子を知ることで、さらに子どもに寄り添った保育ができるようになります。

　そのほかにも保護者の相談内容によっては、子どもの成長をサポートするための社会的支援などの知識も必要です。

（2）遊びと体験

自分でできることが徐々に増えてきた子どもたちは、自分と他者との区別が何となく分かってきて、周りの様々な人や物などに興味・関心をもつようになります。そして周りの気になる人や物に触れてみようと探索活動を始めます。

子どもが周りのいろいろなものに働きかけるためには、何か不安なこと、怖いこと、困ったことがあればすぐに助けを求めに戻ってこられる"場所"、また面白いこと、楽しいことがあれば一緒に笑ったり喜んだりして気持ちに共感してくれる"人"、すなわち心身の安全基地が必要になります。

信頼できる保育者が安全基地となり、保育所での生活や遊びを楽しみながら、周りの保育者や友だちにも興味・関心をもって関わろうとするようになり、自ら周囲に働きかけて少しずつ新たな世界を広げていくことができるのです（図1-9）。

保育者が子どものできないことに手出しをして、子どもを失敗から回避させることはとても簡単です。しかし、そのような働きかけをしてしまうと、その子自身の社会性や自律性などの力を伸ばす機会を妨げることになります。

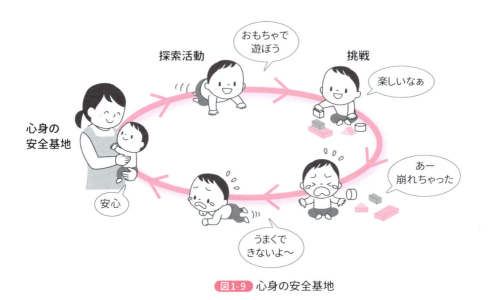

図1-9 心身の安全基地

● 保育者の関わり2 ●

子どもの興味・関心に寄り添う

　子どもたちは活動や遊びの中でも、自分の興味・関心、欲求が最優先です。危険なものに手を出すこともあれば、入ってはいけないところに入ろうとすることもありますし、欲しいものがあればすぐに手に入れようとします。保育者は1人ひとりの子どもの興味・関心を十分に理解した上で子どもを見守ります。

　例えば、子どもが何かにチャレンジして子どもにとって何らかの障害があり、できなくて悔しい気持ちを泣いて表現したとします。そのできなくて悔しい気持ちに対して、保育者は子どもの気持ちを受け止め、子どもができなかったところを一緒に取り組み（助力する）できた！という自信をつけていくことが大切です。

　様々な経験を通して、生活や遊びの中にはきまりがあること、きまりを守ることでお互いが気持ちよく過ごせることを子どもたちは学んでいきます。泣いたり笑ったり、いろいろな感情を経験しながら、保育者や友だちと一緒に過ごすことの心地よさを味わいながら、生活習慣を獲得していきます。個々の発達過程を理解したうえで、子どもが「できた！」と感じられるような働きかけを行っていきましょう。

2 アロマザーとしての保育者

　これまで学んでいく中で、保育所等は単に家庭の代替環境ではなく、子どもの最善の利益を考慮し、積極的に福祉を増進することに最もふさわしい生活の場であること、保育者は保護者のピンチヒッターではなく、専門性をもったアロマザーとして子どもと社会とをつなぐ独自な役割を担った存在であることが求められていると理解できたと思います。

　その期待に応えるために保育者は、子どもの主体的な成長・発達を促す環境を整え、それを効果的に後押しする関わり方を常に模索していきます。また社会のニーズに合わせて変化する福祉等に関する情報を更新し、適切な情報提供ができるように準備しておきます。子育て家庭が地域から孤立しないように、地域のネットワークをつないでいくことも大切です。

　子どもからも保護者からも、そして地域社会からも頼りにされる、そんなアロマザーとしての保育者でありたいものです。

● **保育者の関わり3** ●

手や足を優しくスリスリ

　お昼寝から目覚めた後や、おむつ交換後など、機嫌がいいときに、お布団の上など平たいところで、姿勢が安定している（寝返りやハイハイなど動いているときは避けます）状態で、「ぐっすり寝てたね」、「おむつかえたよ」など声をかけながら手足を優しく2～3回さすります。心地よい気持ちを共有しましょう。

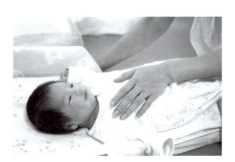

第1部
乳児保育Ⅰ 理論編

第2章 乳幼児の基礎知識

子どもの成長・発達を促す愛情豊かな応答的保育を実践するためには、子どもの発達過程を理解しておくことが大切です。子どもの日常を支えるために必要な、病気や気になる様子の気づきのポイントなどについても理解しておきましょう。

　発達過程の最も初期に当たる乳児期には、養護の側面が特に重要であり、養護と教育の一体性をより強く意識して保育が行われることが求められる。（中略）1歳以上3歳未満児の時期においては、短期間のうちに著しい発達が見られることや発達の個人差が大きいことを踏まえ、一人一人の子どもに応じた発達の援助が適時、適切に行われることが求められる。

(厚生労働省「保育所保育指針解説」、2018(平30)年より抜粋)

1 発達の連続性

発達には首の据わり→寝返り→お座り…というように、おおよそ同じ順序で発達していく**順序性**や、頭部から尾部、中枢から末梢、粗大運動から微細運動という**方向性**があります（図2-1）。また、身体的・精神的発達にとても重要な**敏感期**[*1]が存在し、環境と関わり合いながら発達していきます。

*1 敏感期
「敏感期」とは、特定の感受性が高まっている状態で、「子どもがそのときにもっている意欲を最大限に活用し、ふさわしい環境を準備することで子どもの成長・発達が効果的に促されると考えられています。

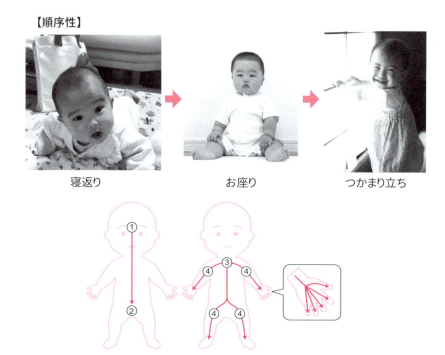

【順序性】

寝返り　　お座り　　つかまり立ち

運動機能は①→②のように、頭部から尾部へ、③→④のようにからだの中心から末梢に向かって順に方向性をもって発達します。

図2-1　順序性と方向性

1 胎児の発達

妊娠期間は約10か月です。特に妊娠初期は脳神経や肺・心臓などの器官形成が始まる時期で大事な時期になります。そのため、母体への薬物服用や感染には配慮が必要になります。また、妊娠7か月頃になると母親のおなかは目立ち、歩行時には息切れしやすくなってきます。胎児の聴覚は発達し、実際の話し声とは異なりますが、母親の声が聞こえるようになります（**表2-1**）。心地よい環境の中で成長・発達を見守りながら新しい命の誕生を待ち望んでいる保護者に寄り添える保育者を目指しましょう。

表2-1 胎児の発達

区 分	胚芽期	胎芽期	胎児期		
妊娠週数	2〜3	4〜7	8〜11	12〜15	16〜19
妊娠期間	1か月	2か月	3か月	4か月	5か月
妊娠期	初 期				中 期
胎児の様子	受精後細胞分裂の時期	脳・肺・心臓・消化器・眼・耳など器官が形成され始め、発達する時期		胎盤が形成され、母親から栄養をもらう	全身に産毛が生えてくる

胎児期							
20〜23	24〜27	28〜31	32〜35	36	37〜39	40〜41	42
6か月	7か月	8か月	9か月	10か月			
中 期	末 期						
身長約30cm 体重約600g	母親の声が聞こえるようになる	身長約40cm 体重約1,600g	皮下脂肪が増え、ふっくらしてくる	いつ産まれても良い状態			出産時のリスクが少し高くなる
早産 22週0日〜36週6日				正期産 37週〜39週			過期産

2 誕生後の発達

「児童福祉法」では生後 28 日未満を新生児期、1 歳未満を乳児期、満 1 歳から小学校入学前を幼児期といいます。しかし、保育における乳児保育は、3 歳未満児を対象としています。この時期は、身体発育、心理的・社会的発達が著しい時期であり、食事・排泄・睡眠などの生理的欲求に応え、子どもにとって安心できる心地よい環境をつくる大人の適切な見守りと援助が必要な時期になります。

（1）脳・神経系の発達

脳・神経系の発達は母親の胎内にいるときから始まっており、乳幼児期には特に発達が著しいです。人は五感（視覚・聴覚・触覚・嗅覚・味覚）を使って外界から情報を得て、神経を通して脳に情報を送ります。脳は蓄えた情報をもとに、また神経を通して身体を動かす指令を全身に送っています。

（2）粗大運動の発達

粗大運動とは、首が据わる、寝返り、お座り、歩く、走るなど体全体のバランスを要する運動をいいます。

乳児期は脳の発達にともない（**図 2-2**）、首が据わり、ごろんと寝返りをし、お座りやはいはい、つかまり立ちができるようになるなど、大きな筋肉を動かす粗大運動（**表 2-2**）が著しく発達する時期です。それにともない視界が広がり視覚を通して様々な刺激を脳が受け、五感も発達していきます。そのような予めインプットされた脳のプログラムを最大に発揮するには、周りの環境が大切になります。

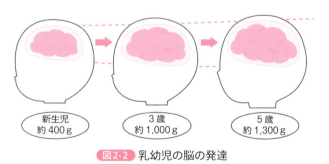

図2-2 乳幼児の脳の発達

表2-2 乳幼児の粗大運動の発達過程

※ 原始反射は、乳児の生まれつき備わっている反射動作で、特定の刺激に対して無意識に身体が反応する現象です。乳児が生き残るために必要な反射動作は脳幹によってコントロールされます。原始反射の反射能力は成長に伴い消失します。

(3) 微細運動の発達

　微細運動とは、ガラガラを握る、積み木を握る、お菓子をつまむなど、手先の細かい動きを要する運動です。

　身体的な発達に伴って、ものをうまく掴めるようになったり、落としたりしながら、微細運動（表2-3）も発達していきます。手指を使って身の周りのものを触ったり、握ったりし、身近な人やものに直接関わり、その特徴や性質を感覚により捉え、対象に対する親しみや満足感、面白さを味わうことでさらに周囲への興味関心を広げていき、自分からもっと関わりたいという意欲も高まります。

表2-3　乳幼児の微細運動の発達の過程

（4）社会性・認知の発達

　子どもは生後1か月頃には人の顔をじっと見つめ、2～3か月頃になるとあやされると声を出して笑うようになります。

　8か月頃には、いつもそばにいる人であれば安心して、泣く事はありませんが、身近にいない人が近づくと泣くという人見知りが始まります[*1]。

　9か月頃[*2]から相手の身振りを真似たり、見てほしいものに指を差したりする共同注意が出現します。

　また、それまでは自分と他者の関係（二項関係）で認識していたことが、目の前にいる犬を見て、大人が「ワンワンいるね」と声をかけ、同じ物を見て喜ぶ事ができる、自分と他者と物との関係（三項関係）へと認識が発達します。同じ物を見て認識し、一緒に喜ぶという社会参加の発達の第一歩に加え、言葉の獲得にも大きく影響します（図2-3）。

　さらに、身近な人の表情や声から、ある対象に対して肯定的か否定的かを判断して自分の行動を決める傾向がでてきます。これを社会的参照といいます。

　5～6か月頃になると、見たものなどを短い時間、記憶できるようになり、徐々に一時的に記憶した情報を同時に処理していくワーキングメモリが芽生え始めます。6～10か月頃には、目の前にあったものが布などで覆われて視界から消えても、そこに存在していると理解し、認識できるようになる、対象の永続性がみられるようになります。2歳頃からは物体をイメージできる力であるシンボル機能（たとえば犬の人形や写真を見たときに、本物の犬をイメージして「どちらも犬だ」と理解できる）がみられるようになり、見立てやつもりで遊ぶようになります。

　1歳～2歳頃はいやいや期（1歳～2歳頃）と呼ばれる自己主張が強くなる時期です。自分の想いを受け止めてもらう経験を通して、他者を受け入れることにつながっていき、照れ・羨望・恥・罪の意識（2歳過ぎ）など高度な感情も芽生えてきています。アタッチメントの観点からも、特定の大人への定位・発信もみられるので、親しい保育者との応答的な関係の中で過ごすことが大切です。また、延滞模倣[*3]（1歳半頃）など、記憶や認知の発達とともに認識できる範囲も広がってきます（表2-4）。

---

*1　初めて会った人や、見知らぬ人に対して泣くなど恐怖を抱く行動をします。これは愛着関係が形成されている証ですので正常な発達です。
　生後8か月頃からみられるため8か月不安ともいわれます。

*2　共同注意・三項関係・社会的参照がでてくる9か月の時期を9か月革命といいます。

図2-3　二項関係・三項関係

*3　延滞模倣
　延滞模倣とは、今ここにないものの様子を思い出して模倣する行動を指します。

1 ● 発達の連続性

表2-4 乳幼児の認知の発達の過程

1か月頃	2〜3か月頃	4か月頃〜	5〜6か月頃
人の顔を じっとみつめる	あやすと笑う	循環反応 身体や物の存在を確かめる	ワーキングメモリの始まり

6〜10か月頃	8か月頃	9か月頃	
対象の永続性	人見知りの始まり （8か月不安）	共同注意	三項関係

9か月頃	1歳6か月頃	1〜2歳頃	2歳頃〜
社会的参照	延滞模倣	いやいや期	シンボル機能

column
いやいや期

　何を言っても、何をするにも「イヤ！」と言って泣いたり、嫌がったりする時期のことです。おおよそ2歳前後の子どもに起こりやすく、一般的には、言語能力が発達する3~4歳頃までには落ち着いてきます。

　なんでも自分でやりたいという自己主張が強くなり、自分の気持ちを押し通そうとするので、「イヤ！」が増えてくるのです。これは、自我や自立心が芽生え始めた証拠であり発達の重要な局面でもあります。その他、「甘えたい」、「もっとかまってほしい」など周囲の気を引きたい、体が何かおかしい、眠い・疲れたといった感覚や気持ちをうまく言葉で表現できず、ストレスフルな状況の中、イライラやモヤモヤした感情を募らせ「イヤ！」を繰り返すことがあります。大人にとっては、困った行動も子どものなかで、様々な感情が豊かに芽生えているということを理解しながら関わりましょう。

「自分でしたかったんだね。できないところは先生が手伝うから頑張ってみよう。」

保育者の対応
- 子どもの言葉に共感する
- 自分でやりたい」を肯定する
- 気持ちを切り替えるようにする
- 子どもが自分で選ぶことができるようにする
（子どもが自分で決めることができるようにする）
- 目で見て分かるようなルールを決める
- スケジュールに余裕をもつ
- ゆっくりと話す
- 無理に干渉しない
- 距離をとる
- スキンシップを多くとる

*1 喃語
　言葉を話すようになる前に、「あー」、「うー」、「ぶー」など音の高さや長さなどを乳児が調音した発声で、意味は伴わないが、発声に合わせて大人が笑顔で応答することが大切です。

*2 初語
　「ママ」、「パパ」、「ワンワン」など、子どもが発する意味のある言葉です。単語であることから一語文ともいいます。

*3 1つの単語によって成立している文を一語文、2つの単語で成立する文を二語文といいます。

（5）ことばの発達

　自分の意思を伝えたいという欲求が高まり、指差しや身振りなどで表現をします。親しい保育者とのやりとりの積み重ねが大切です。喃語*1（生後5～6か月頃）、初語*2（1歳頃）、二語文*3を話す（2歳頃）など、徐々に言葉での表現も出てきます（表2-5）。

　10か月頃からみられる子どもの発する意味のない音声の連続のことをジャーゴンといい、会話しているかのような長い発話であることから、会話様喃語とも呼ばれます。

　子どもは生まれてから1歳頃まで、泣くことや喃語、指差し、身振りや手振りなどといった言葉以外の手段によって自己の欲求や要求を表しますが、おおむね1歳頃になると、生まれて初めての意味のある言葉である初語を発します。これ以降、子どもは言葉によって自己を表現すること、つまり"話す"ことができるようになっていきます。

表2-5　乳幼児のことばの発達の過程

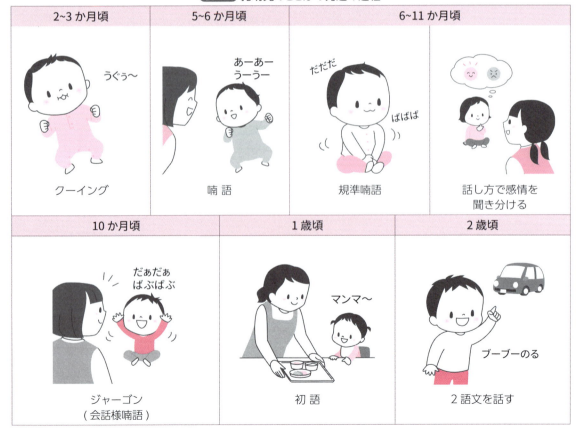

1歳6か月頃から3歳頃までの語彙[*1]数の増加は著しく、"語彙爆発"と呼ばれるほどです。語彙が増えるにつれ、一語文から二語文、多語文へと発達していきます。

　2歳頃になると「これ何？」、「これは？」などと、身の回りの物の名前をしきりに尋ねるようになります。この時期を**命名期**[*2]あるいは**第一質問期**と呼びます。

　"語彙爆発"や命名期を経て、3歳頃[*3]には、幼児語を交えつつも自分なりの言葉で思いや考えを他者に伝えることができるようになります。

　同じように"聞く"力、"理解する"力も徐々に発達します。1歳頃には「ちょうだい」と言われて物を手渡すなど、簡単な言葉を理解して適切な行動を取ったり、「おめめどこ？」と聞かれて自身の目を指で示しながら「メメ」と言うなど、質問に言葉や指差しで答えたりするようになります（図2-4）。

*1 語彙
　理解している単語のこと。

*2 命名期（第一質問期）
　まるで1つひとつの事物に名前をつけているかのようであることからこの名称がある。

*3 　3歳頃、「なんで？」、「どうして？」などと物事の原因や理由を尋ねるようになる時期を「質問期」あるいは「第二質問期」という。

ちょうだい
11か月〜1歳頃

おめめどこ？
1歳6か月頃

図2-4　聴く力・理解する力の発達

　2歳頃には「よく噛んで食べましょう」、「ニャンニャンがびっくりするから優しくなでなでしようね」などの具体的な言葉も分かるようになります。一方で、この時期は自我の芽生えから自己主張が強くなるため、大人の指示を理解していても「大人の指示通りでなく自分の思う通りにやりたい」、「大人の手助けなしに自分でやりたい」という気持ちから「いや」、「じぶんで」とよく発するようになります。子ども同士のやり取りの中でも玩具や遊具の取り合いなど、互いの欲求が衝突する場面も増えますが、その際保育者は両者の間に立ち、それぞれの思いを汲み取り、代弁します。こういった保育者の言葉を聞くことで、子どもは少しずつ相手の思いを理解し、受け入れることができるようになっていきます。

> **保育者の関わり 4**
>
> ### 子どもと視線を合わせる
>
> 保育者は子どもと視線を合わせながら、子どもの発する声や言葉を受け止め、その思いを汲み取って代わりに言語化しましょう。穏やかなやりとりを通して子どもは言葉を覚えるとともにコミュニケーションの仕方も学んでいきます。

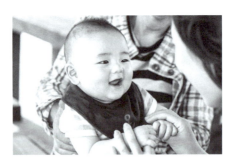

吸啜反射
口元に触れたものを無意識でなんでも吸いつこうとする様子のことです。

＊1　原始反射
　p.37 参照

＊2　自律授乳
　赤ちゃんが欲しがるときに欲しがるだけ飲ませる授乳方法のことで、赤ちゃんが吸う刺激により母乳分泌が促されて母乳育児がスムーズになります。

3　たべる

　生後4か月までを授乳期、5か月以降を離乳期といいます。授乳は、はじめに探索反射や吸啜反射などの原始反射[＊1]により行われます。これは生命の維持や本能により無意識的に行われているものです。5か月頃までは乳汁のみで必要な栄養素を獲得することができますが、それ以降になると乳汁のみでは不足するため、離乳食へと移行していきます。そのため離乳食を通して、口腔機能や消化機能が徐々に獲得されていきます。

（1）授乳期

　授乳回数は、出生後数日は母乳の分泌量が少なく、母親の母乳の与え方や乳児側の飲み方も不慣れなため、回数にはこだわらず頻回に授乳します。これを自律授乳[＊2]といいます。生後1～2か月経つと、回数や間隔が決まってきます。また、3か月頃には母乳の分泌も良くなり、授乳のリズムが備わっていきます。

　生後1か月くらいは、飲んで寝ての繰り返しのため、夜間にも授乳を行います。3～4か月頃になると夜の睡眠時間が少しずつ長くなってくるため、夜間の授乳回数が少なくなってきます（図2-5）。

図2-5 乳児の睡眠と授乳のサイクル

保育者の関わり5

授乳期の保護者への配慮

授乳期に保育所に赤ちゃんを預けている場合、日中仕事をしている時間帯に、お母さんのおっぱいがパンパンになってしまうことがあります。職場の環境によっては搾乳をして冷凍保存ができたり、あるいは職場の近くにある場合は、お母さんが保育所に来て授乳していただくなど配慮しているところもあります。無理なく育児ができるような個別性のある保育所の関わりも大事なことです。

(2) 離乳食への移行

母乳または育児用ミルクなどの乳汁栄養から固形食へと移行する過程を**離乳**といい、その時に食べる食事を**離乳食**といいます。

❶ 離乳食を開始する時期

離乳の開始とは、なめらかにすりつぶした状態の食事を初めて口にした時をいいます。開始する時期の目安は、首がしっかり据わり、寝返りができること。1人で5秒以上座れる、スプーンなどを口に入れても押し出すことが少ないこと、食べ物に興味を示す5〜6か月頃が適当です。

子どもの発育や発達には個人差があるため、月齢は目安とし、子どもの様子を観察しながらすすめていきます。

❷ 離乳食の進め方

離乳初期は1日1回食から始め、離乳中期は1日2回食、離乳後期は1日3回食にし、離乳完了期以降も1日3回食のリズムを大切に進めていきます（図2-6）。

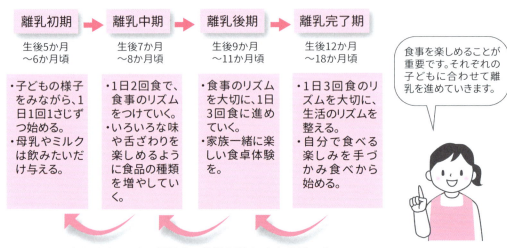

図2-6 離乳食の進め方の目安
（資料：厚生労働省「授乳・離乳の支援ガイド（2019年改定版）」より作成）

● 保育者の関わり6 ●

「初めて」は家庭で

保育所においては食物アレルギーを有する子どもの「初めて食べる」ことを避けます。

アレルギー反応が起きるかどうかは、その食物を食べてみないと分からないため、家庭において2回以上食べても、何も症状が起きないことを確認した上で、その食物を給食に出すということをしましょう。また現場では、保育所におけるアレルギー疾患生活管理指導表や、学校生活管理指導表（アレルギー疾患用）をもとにした対応を基本とします。

❸ 歯の萌出

　乳歯は生後6か月頃から生え始め、満1歳で前歯列8本が生えそろい、全乳歯20本が生えそろうのは2歳半から3歳くらいです（**図2-7**）。

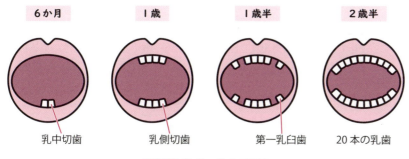

図2-7　乳歯の生える順序

- 保育者の関わり7 -

歯の生え始め

　歯の生え始めは歯茎がムズムズするため、子どもは不快を感じて不機嫌になったり、ぐずったりします。また手や服を噛んだり、よだれが多くなったりするため、着替えやよだれ掛けを多めに用意してもらうよう、保護者に伝えしましょう。

1 ● 発達の連続性

> **column**
>
> ### 「たべる」ときの窒息に注意！
>
> 乳幼児期の死亡に至る事故の上位に常にあるのが窒息によるものです。乳幼児期の子どもは、手にしたものをすぐ口にもっていくことが多く、何かの拍子に誤ってそれを気道に吸い込んで窒息する事故につながりやすいです。そして、それを吐き出すことも難しいため、喉に詰める可能性のあるものを子どもの周りに置かないこと、特に食事中は細やかに見守ることも必要です。

4 ねる

乳児は、1日の大半を浅い眠り（レム睡眠）と短い目覚めを繰り返します。

子どもにとって睡眠はその時期の発達に大きな影響を及ぼします。子どもの睡眠リズムの変化は、太陽の光と周りからの刺激による影響が大きく、出生後に、太陽の光を浴び、周囲の刺激をうけることにより、睡眠に加えて覚醒状態が出現するということが大きな特徴です。

生まれたばかりの乳児は、<u>音や光に反応する程度でほぼ寝てばかりです</u>が、3か月を過ぎるあたりから、目覚めている時間が多くなります（**表2-6**）。

表2-6 乳幼児の睡眠時間の発達

生まれたばかり	3か月～	6か月～	1～3歳頃
・音や光に反応しながら浅い眠りと短い目覚めを繰り返す	・目覚めている時間が多くなる	・連続して睡眠をとるようになり、昼夜の区別もはっきりしてくる	・ほぼ夜間に睡眠をとる

子どもの睡眠リズムは通常、1歳頃までは、昼夜の区別なく2〜3時間ごとに目を覚ます**超日リズム（ウルトラディアンリズム）**をとります。1歳以降で夜間にまとまった睡眠がとれるようになり、4歳頃になると日中覚醒し、夜間は眠るという**概日リズム（サーカディアンリズム）**[*1]をとるようになります。

　そして年齢とともに、昼間の覚醒時間は延長し、成人同様のリズムに変化していきます。図2-8の白い部分は、覚醒を意味しています。

　睡眠のリズムには、家庭での過ごし方やその子どもによって個人差があります。連絡帳や送り迎えの際の聞きとりを通して、家庭との連携をとりながら、必要な時は午睡の時間を調整しましょう。

*1　**概日リズム（サーカディアンリズム）**

　ラテン語でcirca=約、dian=1日で約1日という意味です。日本では、「概日」と訳されています。サーカディアンリズムとは、生物に存在している約24時間周期のことです。これは、睡眠の周期や体温・自律神経・免疫系・ホルモン分泌などの調節の役割も担っています。

　地球上すべての生物がもっており、光や温度の変化がない環境でも機能し、生物それぞれにもとから備わっているものです。

図2-8　乳幼児の睡眠・覚醒リズムの変化

（資料：厚生労働科学研究費補助金 未就学児の睡眠・情報通信機器使用研究班「未就学児の睡眠指針」より作成）

 column

乳幼児突然死症候群(SIDS)を予防しよう！

　乳幼児突然死症候群（SIDS）は、今まで元気に過ごしていた乳児が睡眠中に突然死亡する病気です。調査によると、① 発症時刻は深夜早朝が多い、② 発生頻度は乳児期（特に6か月未満児）に多い、③ 寒い季節に多い、④ 男児に多い、という特徴がみられ、呼吸調節機構の障害説が有力ですが、明確な原因は分かっていません。

　保育所では窒息などのリスクをできるだけ下げるために、乳児期の子どもは仰向けに寝かせ、布団やタオルが口元を覆わないように気をつけ、頻回の呼吸チェック表をつけるなど安全対策をしています。

窒息リスク除去の方法
- やわらかい布団やぬいぐるみ等を使用しない
- ヒモ、またはヒモ状のもの（例：よだれかけのヒモ、ふとんカバーの内側のヒモ、ベッド周りのコード等）を置かない
- 口の中に異物がないか確認する
- ミルクや食べたもの等の嘔吐物がないか確認する
- 子どもの数、職員の数に合わせ、定期的に子どもの呼吸・体位、睡眠状態を点検すること等により、呼吸停止等の異常が発生した場合の早期発見、重大事故の予防のための工夫をする

※ ほかにも窒息のリスクがあることに気づいた場合には、留意点として記録し、施設・事業所内で共有する

（資料：子ども家庭庁「教育・保育施設等における睡眠中の安全確保の徹底について」より）

5 だす

子どもが食べたものは、消化・吸収されて栄養となると同時に、不要となったものは尿や便となり体外に排泄されます。食べることと同じで月齢が小さい頃は反射で排泄されますが、神経機能・運動機能などの発達とともに尿意を知覚し、自分でトイレに行って排泄する排泄の自立ができるようになります。しかし、排泄の自立には個人差がみられ、情緒的緊張と関係していることから、まずは子どもが安心できる環境をつくります。子どもの様子とタイミングをみながらおむつが濡れたら取り換え、快・不快の気持ちを知らせるところから始めていきましょう。

(1) 子どもの排尿のメカニズム

子どもの排尿は、初めは反射的ですが、徐々に排尿抑制や排尿の前に泣いて排尿を知らせる行動が見られ始めます。そして0歳後期になると、延髄に伝達された情報で、無意識のうちに排尿を抑制する働きが整っていき、排尿反射を抑制することで膀胱にたまる尿量が増加していきます（表2-7、図2-9）。

表2-7 子どもの排尿の発達

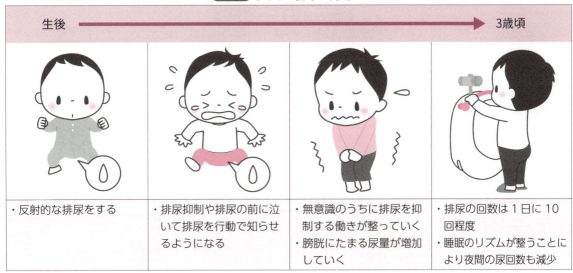

生後			3歳頃
・反射的な排尿をする	・排尿抑制や排尿の前に泣いて排尿を行動で知らせるようになる	・無意識のうちに排尿を抑制する働きが整っていく ・膀胱にたまる尿量が増加していく	・排尿の回数は1日に10回程度 ・睡眠のリズムが整うことにより夜間の尿回数も減少

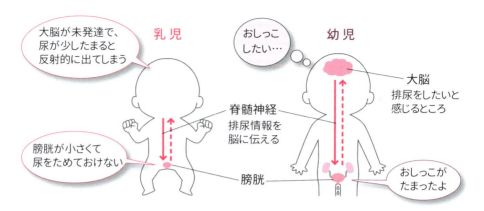

図2-9 排尿のしくみと大脳の発達
（資料：花王株式会社 HP「赤ちゃんとママ・パパのための情報」を参考に作成）

（2）子どもの排便のメカニズム

子どもの排便は、初めは反射による排便です。徐々に腹圧をかける、いわゆる「いきむ」などの反射的協調運動が起こるようになります。そして1歳を過ぎた頃から大脳の機能が整って、便意を感じることができるようになります（表2-8）。

表2-8 乳幼児の排便の発達

尿意、便意を感じることができるようになると、排泄の自立にむけて適切な時期になります。1人ひとりの排泄の間隔を把握し、タイミングを見計らって無理のないようにトイレに誘っていきます。

(3) 便の確認（便色カードの活用）

　全国の自治体から妊婦に配布されている母子健康手帳には、便の色を確認できる便色カード[*1]があります。便の色は1番から7番に分けられ、1番から3番の場合、ロタウイルス感染症や胆道閉鎖症などの病気の可能性があるので、1日も早く小児科医、小児外科医などの診察を受けるようにと書かれています。特に生後4か月くらいまでは、便の色に注意が必要です。明るいところで便の色を確認する習慣を身につけましょう。

　また、離乳食を開始してからは便の色や硬さ、においなどにも気をつけましょう。

[*1] **便色カード（松井式）**
　松井陽（元・国立成育医療研究センター、小児科医）らが考案し、2012（平成24）年度より全国の母子健康手帳に掲載が義務づけられました。
　胆道閉鎖症など、生後1か月前後に便色の異常がみられる疾患の早期発見、早期治療を目的として使用されています。

● **保育者の関わり8** ●

トイレへの誘導 声かけ

　遊びに夢中になり、トイレに「行きたくない」という子どももいます。そんなときは、トイレに行くことが楽しめるように工夫してみるのもよいでしょう。例えば、大好きなお人形やお友だちと「一緒に行こうよ〜。」と誘ってみてもよいです。
　トイレの壁面にくまさんの絵を貼って、「あそこまで行ってくまさんにタッチしよう。」など、子どもが、トイレに行くことが「楽しい！」と思えるようなトイレ環境にして、声かけをするとよいですね。

6 あそぶ

遊びは子どもの発達の源泉であり、運動機能や社会性の発達、豊かな情緒を育んでいきます。0歳の初めの頃は、抱っこでリズミカルにやさしく揺らしたり、トントンしたり、ガラガラを振って見せたりすることで、玩具を目で追ったり、音を聞いたりする感覚遊びが始まります。寝返りやハイハイなど運動機能が発達すると、その機能を活かしながら移動しそれ自身を楽しむこともあります。1人で集中して遊んでいるときもあれば、そばで人が遊んでいるのをじっと見ていることも遊びになります。

1・2歳の頃は、粗大運動・微細運動が発達し行動範囲が広くなり、手先の動きも少しずつ器用になります。自分でやりたい気持ちを大切に、創造力や表現力を育てていきます。

また、遊びは生活そのものといわれるように、睡眠の時間以外は、毎日を過ごす生活の中に遊びがあります。そして、遊びには、遊びの時間・遊びの空間・遊びの仲間の3つの要素が必要です。保育所では、室内遊び、戸外遊びなどをどの時間帯で・どこで・だれと一緒か（1人の時もあれば、生活リズムが近い月齢のお友だち）を考えながら、日課に取り入れていきます。遊びには発達があり、認知機能や運動機能の視点での分類（**表 2-9**）と、社会性の発達（**表 2-10**）による分類があります。

子どもの様子

名前を呼びかけ、穏やかな笑顔と視線を合わせながら、話しかけたり触れ合ったりして一緒に楽しみましょう。

表2-9 遊びの分類

遊び	内容	例
機能的遊び	・からだを動かす運動遊び ・見て触って聞いて遊ぶ感覚遊び	・ハイハイ、寝返り、歩く動作を楽しむ ・手遊び ・触る、回る遊び ・ガラガラの音を楽しむ
象徴遊び	・ごっこ遊び 　2歳頃～3歳頃が最も盛ん	・ままごと ・ヒーローごっこ
受容遊び	・受け身的な遊び ・鑑賞的遊び	・絵本、紙芝居、劇を見る
構成遊び	・想像した物を作る	・ブロック、積み木、粘土遊び

表2-10 社会性の発達

遊び		内容
傍観遊び	3歳頃まで	近くでほかの子どもが遊んでいるのを見ている(遊びには参加しない)
1人遊び		ほかの子どもが近くで遊んでいても、自分の好きな玩具で遊ぶ
並行遊び		ほかの子どもがそばで同じ遊びをしているが、子ども同士の交流はない
連合遊び	3歳頃から	子ども同士で玩具の貸し借りはみられるが、役割分担やリーダーシップをとるなど組織化はみられない
協同遊び	5歳頃から	1つの目標に向かってともに関わる遊びで役割分担を行い、リーダーの役割をとる子どもも現れる

● 保育者の関わり9 ●

子どもが安心して遊べるように

遊びには、子どもの発達段階を考慮し、興味や関心を刺激するような環境を整えることも重要です。子どもが安心して遊べるよう、子どもの気持ちに寄り添いながら誘いかけたり、やってみせたり、友だちとの仲立ちをしながら遊びへの意欲を高めていきましょう。わらべうたを歌いながらやってみるのも楽しいです。

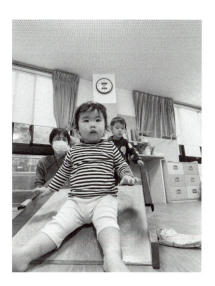

2 子どもの病気や、気になる子ども

　子どもは身体全体の機能が未発達であるため、免疫機能を発揮することがまだ十分にはできません。疾病への抵抗力が弱く、心身の機能の未熟さに伴う疾病の発生が多く感染症に罹りやすい時期でもあります。乳幼児期は具合が悪くなっても言葉でうまく表現できないことから1人ひとりの健康状態について適切な判断に基づき対応を行います。また、特別な支援を必要とする子どもの保育では、1人ひとりの障がいの程度に応じた関わりを行うために家庭や関係機関と連携しながらすすめていきます。入園時は診断がついていないこともあり、生活の中で「気になる子ども」として保育者が気づく場合もあります。
　ここでは、乳児保育で特に気にかけてほしい病気と気になる子どもの特徴について紹介します。

1 子どもの主な病気

(1) 熱性けいれん

　38.0℃以上の発熱に伴って起こる痙攣をいいます。熱が急激に上昇する時にけいれんが出現することが多く、好発年齢は6か月から3歳くらいまでにみられます。原因は不明のことが多く、てんかんとは異なります。けいれんがおさまるまでは安静にして経過をみます。

(2) 尿路感染症

　腎臓でつくられた尿は尿管を通り、膀胱に溜まり、尿道を通って排泄されます。腎臓から尿道までを尿路といいます。尿路感染症は尿路に細菌やウイルスが入り込み感染をおこします。排尿時の痛みや発熱で機嫌が悪くなったり、尿の濁り、尿の回数が増えるなどの症状が出てきます。特に女児の場合は、男児に比べ尿道が短いため、感染を起こしやすいので排便後のお尻の拭き方に気をつけます。

(3) 股関節脱臼

　大腿骨という体を支えている大きな骨の頭の部分を大腿骨頭といいます。大腿骨頭は骨盤の臼蓋というところにはまり込んでいますが、それが脱臼をおこした状態を股関節脱臼といいます。おむつを交換するときは、足を引っ張ってお尻を持ち上げるのではなく、お尻の下に手を当ててお尻を持

ち上げるなど、股関節に負担がかからないようにします（図2-10）。

足だけを持ち上げてお尻を
持ち上げると子どもの股関節に
負担がかかります。

お尻の下に手をいれ、
子どもの腰からゆっくりと
持ち上げるようにします。

図2-10 おむつ交換時の注意

（4）急性中耳炎

　鼓膜の奥にある中耳の炎症で、2歳未満におこりやすい耳の病気です。症状は、耳の奥が炎症で痛くなりますが、痛みを不機嫌や泣いて訴えたり、手で耳を触ったりします。

（5）弱　視

　弱視は、視力の発達期に視力が十分に発達せずに起きた低視力をさします。視力は生まれてから徐々に発達し8～10歳で完成しますが乳幼児期に何らかの原因で視力の発達が妨げられるとメガネなどで矯正できない視力障害をおこします。早期発見・早期治療のために3歳児健診で検査が行われますが、絵本を見るときに眼を細めたり、極端に近づけて見たりする時は、早めに相談しましょう。

（6）おむつ皮膚炎（おむつかぶれ）

　子どもの皮膚は大人に比べ皮膚が薄いため、おむつ皮膚炎をおこしやすい状況にあります。尿や便、汗で汚れたままの状態にすると、おむつの中は蒸れてしまい、皮膚がふやけて傷つきやすい状態になります。また排泄物の中に含まれている成分によって皮膚が刺激を受けます。さらにおむつ交換時に力を入れてゴシゴシ汚れを拭き取ることも機械的刺激が皮膚に加わりおむつ皮膚炎を起こす原因の1つになります。

2 気になる子どもへの対応

　日本保育協会は、保育所でも「気になる子」が増えている実態があり、2015年に全国調査を実施しました。多くの保育所では、障害の診断は受けていないが、障害の疑いが感じられる子どもや保育上の支援を要する子どもを受け入れている実態が明らかになりました。

　誕生後の発達（p.36～）を理解し、"気になる"がどういったことなのか、発達過程によくあるその子のこだわりなのか、それとも「気になる子」の特徴なのかを複数の保育者で見守り、保護者とも協力しながら発達を促す関わりをもち、必要であれば医療機関への受診も勧めます。

　遺伝的な病気やダウン症候群などの染色体異常など診断されている場合は医療機関と連携をとりながら保育を行います。

運動機能	首が据わらない、寝返りができない　など
情緒行動	・自閉症スペクトラム症（ASD） 視線が合わない、指差しをしない、他の子どもとうまく関われない、共感できない、かんしゃくやパニックを起こす　など ・注意欠如・多動症（ADHD） 落ち着きがない、着席していられない、保育室から飛び出す、順番を守れない、1つの遊びが長続きしない　など
知的能力	話す言葉の数が少ない、運動能力に遅れがある、真似をするのが苦手　など

● 保育者の関わり 10 ●

まずは子どもの行動を見守ることから

　お誕生日会のハッピーバースデイの曲が流れると、Aちゃん（2歳）は嬉しさのあまり立って踊り出しました。Aちゃんは一番後ろの席だったので、ほかの子どもたちが見えないこともなく保育者はそのまま様子を見ていましたが、歌が始まると前の方に行って大きな声で歌いだしたので、「お椅子に座ろうか」と声をかけましたが動きが止まりません。保育者は「先生の膝の上で一緒に座って歌おう」と声かけをすると膝の上に座って誕生会を楽しむことができました。

　他の子どもたちは椅子に座って歌うことができますが、Aちゃんはじっと座っていられないことが気になり、他の保育者にも共有してAちゃんを見守っていくことにしました。

3 乳幼児健康診査

　日本には「母子保健法」に基づき乳幼児健康診査制度があり、疾病や障害について早期発見ができるシステムがあります（**表2-11**）*¹。また、保育所等訪問支援充実のために 2024（令和 6）年 3 月に「子育て世帯訪問支援事業ガイドライン」が策定されました。子どもが抱える特性や疾患・障害などについて保護者や支援者が気になる事があれば支援の対象になっています。

＊1　子ども 1 人ひとりを主体とした切れ目ない支援を行うための新しい制度が策定されているため、乳児保育を行う保育者は法的学習も必要になります。
（資料：こども家庭庁「子育て世帯訪問支援事業ガイドライン」令和 6 年 3 月より）

理論編

第 2 章　乳幼児の基礎知識

表2-11 乳幼児健康診査制度による健康診査

義務 （12 条）	● 1 歳 6 か月健診	【健診内容】 ① 身体発育状況 ② 栄養状態 ③ 脊柱および胸郭の疾病および異常の有無 ④ 皮膚の疾病の有無 ⑤ 歯および口腔の疾病および異常の有無 ⑥ 四肢運動障害の有無 ⑦ 精神発達の状況 ⑧ 言語障害の有無 ⑨ 予防接種の実施状況 ⑩ 育児上問題となる事項 ⑪ そのほかの疾病および異常の有無
	● 3 歳児健診	【健診内容】 ① 身体発育状況 ② 栄養状態 ③ 脊柱および胸郭の疾病および異常の有無 ④ 皮膚の疾病の有無 ⑤ 眼の疾病および異常の有無 ⑥ 耳、鼻および咽頭の疾病および異常の有無 ⑦ 歯および口腔の疾病および異常の有無 ⑧ 四肢運動障害の有無 ⑨ 精神発達の状況 ⑩ 言語障害の有無 ⑪ 予防接種の実施状況 ⑫ 育児上問題となる事項 ⑬ そのほかの疾病および異常の有無
任意 （13 条）	○ 妊婦健診 ○ 3 〜 6 か月健診 ○ 9 〜 11 か月健診 ○ 新生児聴覚検査 ○ 妊産婦健診（一般・歯科など） ○ その他（1 か月児、5 歳児健診など）	

59

保育者の関わり 11

保護者の心配事に寄り添う

　お迎えの時間にAちゃんの保護者から、「3歳児健診で市から送られた耳に関するアンケートに、『中耳炎に何回か罹ったことがありますか』や『テレビの音を大きくしますか』という項目があり、Aが項目に当てはまるから心配なんです」と話されました。保育者は、「保育園では名前を呼んだときはいつも振り向いてくれるし、絵本を読むときは集中して聞いていますよ」と保育所でのAちゃんの様子を教えましたが、「心配かもしれませんが、耳の聞こえは言葉の習得などにも影響するので、医師には気になることは話しておいた方が良いと思います」と伝えました。

　3歳児健診が終わり、保育者はAちゃんの保護者に、耳の聞こえについて伝えることができたか尋ねると、「精密検査を受けるように言われたが、健診時に診察してくださった先生から、念のためだから心配しないように」と言われたことを教えてくれました。保育者は、母親の気持ちを受け止め、これからもAちゃんの聞こえに関して気にかけてみていくことを伝え、精密検査の日程も保護者に教えてもらいました。

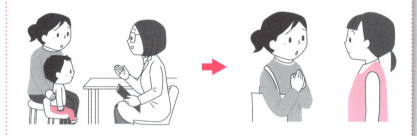

3 健康観察と保育中の留意点

1 いつもと違う

　登園時に保護者から家庭での様子、睡眠や食事などについて情報を共有して保育にあたることは、子どもの健康を守るうえで重要なことです。しかしそれに加えて、登園する子どもの様子をみて、いつもと違っていること、顔色や機嫌が悪いことに気付き、早期に適切な対応することも不可欠です。この時期の子どもは自分の調子が悪いこと、痛みや不快感を言葉で伝えることが難しいので、登園時の子どもの様子だけでなく、常に子どもの様子を観察して全身の状態を含め、健康状態を把握していきましょう。

保育者の関わり12

登園時に子どもが「いつもと違う」と感じたら

　連絡帳を確認しながら、朝の目覚め、顔色、夜間の睡眠状態、食欲、排便、機嫌、せきや鼻水などの症状などの健康観察の項目はもちろんですが、保護者から家庭での様子で気になることはないかを聞き取ります。保護者の気づきを大切に受け止めるとともに、体温の変化や症状がない場合でも、「なんとなくいつもと違う」と感じるときは、保育中にも念入りに観察することが大切です。また、気になるところを保育者同士で情報共有し、的確な判断ができるようにしましょう。

memo
視診のポイント
- 身体全体に、傷や腫れ・あざなどはないか
- 目が腫れていないか、充血していないか
- 顔色が悪くないか、目の下のクマ、沈んだ表情をしていないか
- 鼻水や咳、喘鳴などの有無
- いつも通りの声が出ているか
- 爪の色がおかしくないか（爪を軽く圧して色の戻りを確認）
- 皮膚の状態は荒れていないか、湿疹や赤み、虫刺されなどないか
- 痛がっている箇所はないか
- 家庭環境、保護者の様子に変化がないか

2 健康観察

　子どもたちが朝、登園した際には検温して、健康観察を行います。観察している部位に触れながら、「ポンポン（おなか）が痛いの？」、「カンカン（頭）打った？」、「おてて（手）動く？」、「あんよ（足）をすりむいたね」など状態を言葉にして伝えたり、子どもが感じている不快な症状を「痛い」、「苦しい」、「気持ちわるい」など言語化して伝えたりして、自覚症状と言葉のつながりができることを意識して、将来的には自分の体の変化を伝えることができるような道筋をつくっていきましょう。また、1人で判断するのではなく、複数の保育者の意見を聞き、適切な判断ができるように留意しましょう。

● 保育者の関わり 13 ●

保育中に子どもが「いつもと違う」と感じたら

　具体的に咳などの症状がある場合は、体温や心拍、呼吸なども同時に測定し、悪化の兆候がないかを判断します。あわせて保育中の活動の様子では、活気や遊びの時の興味関心、楽しめているか、食事のときの食欲、噛み方、飲み込み方、午睡時は、寝つき、姿勢、呼吸、体動などを観察します。

　健康上の問題がある場合は、保育中の様子を保護者に正確に伝え、受診を勧めたり、家庭での過ごし方などのアドバイスをします。

赤ちゃんが泣き止まないのはなぜ？　〜パープルクライング〜

　赤ちゃんが泣く原因は、養育者に「不快感」や「不安」を訴えていることもありますが、特に原因が分からなくて泣くということもあります。これをパープルクライングといいます。生後2週間〜生後5か月頃までに起こる「理解が困難な泣き」を指します。個人差はありますが、生後6週間から生後2か月頃までが、パープルクライングのピークとされ、ピークを過ぎると次第に治まっていくことが特徴です。

　パープル (PURPLE) は、泣き方の6つの特徴から頭文字を取ったものです。

P	Peak of Crying	（ピークを過ぎると治る）
U	Unexpected	（原因不明の急な泣き）
R	Resists soothing	（なだめられない）
P	Pain‐like fase	（痛そうに泣く）
L	Longlasting	（長く続く）
E	Evening	（午後から夕方によく泣く）

　これらの特徴に当てはまり、理由がないのに泣く状態が1か月以上続くようなら、パープルクライングの可能性が高いでしょう。

　パープルクライングは正常な発達の過程に起こるものなので、心配しすぎる必要がないことを保護者に伝えておくこともできます。

4 感染症予防

　保育所において、子どもの健康増進や疾病等への対応と予防は、「保育所保育指針」に基づき行われています。また、乳幼児が長時間にわたり集団で生活する保育所では、1人ひとりの子どもの健康と安全の確保だけではなく、集団全体の健康と安全を確保しなければなりません。

　特に感染症対策については、乳幼児期の子どもの特徴をよく理解した上で、最大限の感染拡大予防に努めることが必要です。

1 保育所における子どもの生活と行動の特徴

　保育所は複数の子どもや大人が密接に関わりながら過ごしている場です。遊びを通して子ども同士の距離が近くなりやすいため、様々な経路から感染する可能性があります。加えて乳幼児期の子どもは免疫機能が大人に比べて未熟なうえ、自ら正しいマスクの着用、適切な手洗いの実施、玩具等の衛生的な取扱いなど、基本的な衛生対策を十分に行うことは困難で、大人からの援助や配慮が必要です。

　そのため保育者は、保育所内での感染症対策も含め、季節に応じた感染症や疾病などの正しい知識をもち、園で感染症が蔓延しないよう予防に努める必要があります。

2 洗浄と消毒

　子どもが使用する玩具や寝具、タオル類などで、洗えるものはこまめに洗い、洗えないものは消毒液で拭いたり、日に干したりして衛生対策を行います。特に子どもが口に入れるものは毎日洗浄・消毒を行います。また保育室やトイレ、手洗い場、調理室・調乳室、園庭、砂場なども定期的に掃除、消毒を行います。加えて適宜室内の加湿や換気も行い、感染症予防に配慮した衛生環境を整えましょう。

3 感染症発生時の対応

園内で感染症と思われる症状の子どもがいた場合は、感染が広がらないように別室に移動させて休ませ、子どもの状態を確認して保護者に連絡して症状を伝えます[*1]。必要に応じて嘱託医や関係機関に報告して情報共有し、感染症対策の指示を仰ぎましょう。

また、保育中も、1人ひとりの子どもの変化、特に食事・睡眠・活気の小さな変化を見逃さないようにします。

健康な乳児は機嫌がよく、心地よいときは安心して喃語を発して笑います。機嫌が悪いときは病気の初期症状の可能性があるため、保育者同士で声をかけ合いながら子どもの様子を観ていきます。普段の状態と比較して違うところはないかという感覚をもって、丁寧に全身状態の観察をしましょう。

*1 保護者への連絡の基準については、こども家庭庁「保育所における感染症対策ガイドライン」に沿って、各保育所によってきまりがあります。

● 保育者の関わり14 ●

感染症が発生した時の対応

保育時間中、子どもに感染症の症状が出た場合は、保育者で連携をとりながら対応をします。症状が出ている子どもをまず、安静に過ごせる場所に移動し、検温や出ている症状（咳・嘔吐など）などをしっかり観察し、保護者へ連絡します。保護者は急な連絡に不安を感じますので、子どもの症状や保育者が行った対応について分かりやすく端的に伝えます。保護者に迎えに来てもらえる場合は、水分補給をしたり、症状の変化を観察したりしながら待ちます。降園後は病院で受診してもらったり、自宅で安静に過ごしてもらいます。

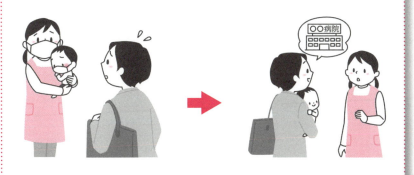

第1部
乳児保育Ⅰ 理論編

第3章 保育の計画と評価

　養護と教育が一体となった保育実践のためには、3歳以上児への進級はもちろん、小学校就学やその先の子どもの生涯にわたる見通しをもって保育を行うことが大切です。
　今、目の前にいる子どもの姿に沿った計画を立てること、計画を基に柔軟に行う保育実践を振り返りながら保育内容を充実させていくことの重要性について理解し、計画の立て方、評価の仕方について学びましょう。

　保育所において、子どもが自己を十分に発揮し、生活と遊びが豊かに展開される中で乳幼児期にふさわしい経験が積み重ねられるよう、保育の内容を充実させていくことは極めて重要であり、それは保育所の第一義的な役割と責任である。特に保育の専門性を有する保育士は、子どもと共に保育環境を構成しながら、保育所の生活全体を通して保育の目標が達成されるよう努めなければならない。そのためには、子どもの実態とこの章で示す保育の内容とを照らし合わせながら、具体的な保育の計画を作成し、見通しをもって保育することが必要である。

(厚生労働省「保育所保育指針解説」、2018(平30)年より抜粋)

1 保育の計画

保育の場では「保育所保育指針」に基づき、子どもの発達を見通しながら、保育の環境を計画的に構成することが重要です。その際、子どもに計画通り「させる」保育ではなく、子どもの状況や遊びに応じて環境を柔軟的に変えていく必要があります。そして、自らの保育実践について評価をし、保育の環境を継続的に再構成していきます。保育所全体で、この一連の流れを繰り返し行うことで、保育の質の向上にもつながっていきます[*1]。

「全体的な計画」が基盤となり、それを具体的に記したものが「指導計画」です（図3-1）。

*1 「保育所保育指針」には、「保育所は、保育の目標を達成するために、各保育所の保育方針や目標に基づき、子どもの発達過程を踏まえて、保育の内容が組織的・計画的に構成され、保育所の生活の全体を通して、総合的に展開されるよう、全体的な計画を作成しなければならない。」と記されています。

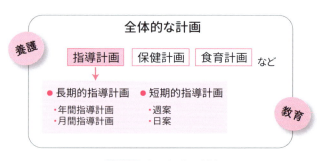

図3-1 乳児保育の対象

1 全体的な計画

2017（平成29）年度の「保育所保育指針」の改定により、これまで「保育課程」と称されていたものから「全体的な計画」へと変わり、乳児期から小学校入学への保育の連続性を重要視するようになりました（表3-1）。「保育所保育指針」には、「全体的な計画は保育所保育の全体像を包括的に示すもの」であると記されています。この1年間で何をするのかではなく、保育時間や在籍時期に関わらず、在籍している全ての子どもを対象にした連続的な保育を展開していくことが必要です。

全体的な計画に基づいて、指導計画や保健計画、食育計画などが作成されます。その際、乳幼児（乳児・1歳以上3歳未満児）だけを考えた指導計画ではなく、3歳以上児の計画と関連させて作成することが重要です。

表3-1 全体的な計画

2024年度　〇〇保育園　全体的な計画

事業の目的	心身ともに健やかに育成されるよう乳幼児期の教育・保育を行うほか、満3歳以上の子どもに対し幼保連携型認定こども園教育・保育要領に掲げる目標が達成されるよう教育を行うことを目的とします。		
保育理念	・乳幼児期の最善の利益を基本に、教育および保育を行う ・少子高齢化を迎え、共に生きる、安心と人にやさしい地域(福祉)社会全体で支援の推進に取り組む ① 良質な生活環境を整え、1人ひとりの子どもの育ちを支える ② 地域社会全体で、明るい未来を創出する子どもと子育てを支える仕組みをつくる ③ 集団生活の中で自己の主体性を形成する		
子どもの教育および保育目標	0歳児	生理的欲求を満たし生活リズムをつかむ	
	1歳児	行動範囲を広げ探索活動を盛んにする	
	2歳児	想像力を広げながら、主体的に遊びや生活をしようとする	
	3歳児	身近な仲間や自然などの環境と積極的に関わり、意欲をもって活動する	
	4歳児	保育者や友だちと一緒に遊びながらつながりを広げ、集団としての行動ができるようになる	
	5歳児	考えや思いを伝え合い、互いの気持ちに気づき、問題解決能力を身につける	

2 指導計画

「指導計画」は、全体的な計画に基づいて具体的な方向性を示すものです。ある時期における保育のねらいと内容、保育環境、そこで予想される子どもの活動、それに応じた保育者の援助や配慮すべき事項、家庭との連携などを踏まえて作成されます。

「指導計画」には、子どもの生活や発達を見通した長期的な指導計画と、長期的な指導計画に関連させながらより具体的な子どもの生活に即した短期的な指導計画があります。

(1) 長期的な指導計画

長期的な指導計画には年間指導計画（期案）、月間指導計画（月案）などがあります。

期案は、子どもの発達や生活の節目に配慮し、1年間をいくつかに分けて作成します（表3-2）。

月案は、前月の子どもたちの実態を踏まえた生活や遊び（3つの視点、養護および5領域）に分けてねらいや内容を作成します（表3-3）。

1 ● 保育の計画

表3-2 年間指導計画（期案）

○○○くみ（1歳児）202×年度 年間指導計画（期案）

| 年間目標 | ・保育者に見守られながら過ごす中で、安心して自分の気持ちを表現する。
・保育者に援助されながら、食事や排泄などの基本的生活習慣が身につくようにする。
・自我の芽生えを受け止めながら、子どもの「して欲しい」に遊びの中で応答的に関わって言葉のや
・歩く、押す、つまむなど様々な運動が出来るよう、周囲の環境に働きかける意欲を高める。 | |

期別計画		
項目	1期（4月〜6月）	2期（7月〜9月）
ねらい	・新しい環境に慣れ、家庭的な雰囲気のなかで安心感を持って生活を送る。 ・好きなことを見つけて遊ぶ。 ・身近な春の自然に触れる。 ・保育者にわらべうたを歌ってもらったり、季節の歌を一緒に歌う。	・気持ちを受け止められながら、安心して自分の気持ちを表すことができるようにする。 ・簡単な身の回りのことに興味をもち、自分でしようとする。 ・水遊びや泥遊びで、夏の遊びを楽しむ。
子どもの姿	・新しい環境に戸惑う姿や、不安で泣く子どももいるが、少しずつ慣れていく。 ・新しい担当の保育者にも少しずつ慣れて、安心して好きな遊びをする。 ・食事は、こぼしながらも自分でスプーンを使って口に運ぼうとする。 ・落ち着いた雰囲気の中で、決まった場所で保育者に見守られながら、安心して眠る。	・生活リズムが少しずつ安定し、流れに沿って担当の保育者と一緒に生活できるようになってくる。 ・言葉や身振り、発語で要求を伝えようとする。 ・友だちとの関わりが増えて、トラブルが増える。 ・物のやり取りや、取り合いを経験する。 ・要求がとおらないと、だだをこねるようになる。

養護	生命	・1人ひとりの生活リズムに合わせて、無理なく新しい生活に慣れていけるようにする。	・衛生的で落ち着いた雰囲気の中で、生理的欲求を十分満たし、安心して過ごせるようにする。
	情緒	・視診を丁寧に行い、1人ひとりの健康状態を十分に把握する。	・十分なスキンシップを取り、心の安定を図れるようにする。
教育	健康	・着脱の時、自分から足をとおそうとする。 ・おむつ交換をしてもらい、心地よさを感じる。 ・身体を動かして遊ぼうとする。 ・少しずつ便器に座ってみる。 ・保育者に見守られながら、コット（簡易ベッド）に向かい、眠ろうとする。	・自分の寝るコット（簡易ベッド）が分かり、安心して眠る。 ・自分でズボンを脱ごうとする。 ・おむつが濡れていない時や午睡明けなど、便器に座る。
	人間関係	・生活や遊びを通して保育者とともに過ごす心地よさを感じる。 ・新しい保育室、担任、友だちに慣れ、安心して過ごす。 ・保育者に見守られながら、1人遊びをする。	・保育者や友だちと同じものを見たり、同じ玩具で遊ぶことを楽しむ。 ・保育者と一緒に見立てたり、つもりになって遊ぶ。 ・いつも一緒にいる友だちや保育者に会うと喜ぶ。

70

りとりを楽しんだり、保育者を仲立ちにして友だちへの関心を広げていく。

期別計画	
3期 (10月〜12月)	4期 (1月〜2月)
・自分のしたいことやして欲しいことをしぐさで示したり、簡単な言葉で表したりする。 ・友だちに興味を示して、名前を読んだり真似たりする。 ・秋の自然に親しみ、探索やごっこ遊び遊びを楽しむ。	・気の合う友だちと遊ぶ楽しさを知る。 ・自分でズボンやおむつを脱ぐことができる。 ・保育者や友だちと一緒に、自然を体感して楽しむ。
・行動範囲が広がり、高い所や狭い所も好んで行こうとする。 ・あまり転ばずに走るようになる。 ・援助してもらいながら、衣服の着脱を自分でしようとする。 ・友だちの遊びや、していることに興味を示し、同じことをしようとする。	・身の回りのことなど、1人でできることが増えてくる。 ・ごっこ遊びで言葉のやり取りや表現、友だちと関わることを楽しむ。 ・生活に必要な簡単な言葉を聞き分け、様々な出来事に関心を示し言葉で表す。 ・尿意を感じたら保育者に知らせ、便器に座って排泄する。
・1人ひとりの様子を把握しながら、身の回りのことを自分でやってみようとする意欲を育んでいく。	・身の回りのことを自分で出来た喜びが感じられるよう、1人ひとりに合った援助を心がける。
・自己主張が強くなるが、保育者に受け止めてもらうことで安心して過ごせるようにする。	・子どもの自分でやりたいという気持ちを大切にし、意欲的に生活できるように関わる。
・落ち着いた環境の中で十分な睡眠をとる。	・簡単な衣服の着脱や靴の脱ぎ履きを自分でしようとする。 ・便器に座り、排尿することがある。 ・走ったり、登ったり、くぐったり、様々な身体の動きを楽しむ。
・保育者の仲立ちにより友だちと一緒に好きな遊びを楽しむ。 ・ほかのクラスの子どもとの関わりを楽しむ。 ・自分の持ち物と他人の持ち物の区別がつく。	・保育者や友だちと一緒に簡単なごっこ遊びをする。 ・簡単なきまりが分かり始める。 ・保育者に促されて、友だちに玩具を貸したり、借りたりする。

理論編

第3章 保育の計画と評価

71

表3-2 つづき

項目		1期 (4月〜6月)	2期 (7月〜9月)
教育	環境	・気になるものや場所を見つけ、探索を楽しむ。 ・春の自然に触れ、園の周囲を散歩をして楽しく歩く。 ・玩具や絵本に興味をもち、遊んだり、見てみたりしようとする。	・戸外の身近なものに興味、関心をもち、触れてみようとする。 ・身の回りの用具、持ち物の名前が分かる。
	ことば	・言葉のリズムが楽しい絵本などを読んでもらうことを楽しむ。 ・知っているものや欲しいものなどを指差しや片言で伝えようとする。	・戸外の身近なものに興味、関心をもち、触れてみようとする。 ・身の回りの用具、持ち物の名前が分かる。 ・シール貼り遊びを保育者に促されて、楽しむ。
	表現	・手遊びや、わらべうたを楽しむ。 ・曲に合わせて、身体表現をする (さくらさくらんぼリズム)	・水、砂、土、泥などの素材の感触を楽しむ。 ・曲に合わせて、身体表現をする (さくらさくらんぼリズム)
環境構築 (生活・遊び)		・1人ひとりの食事、排泄、睡眠といった生活リズムを把握し、日常の体調変化に気を配る。 ・不安定な歩行が妨げられないように保育室や園庭の遊具配置や設定を工夫し、安全を確保する。 ・自然の刺激をたくさん受けることができるよう、天候の良い日は外に出かける。	・子どもの発達に即する布や木を素材とした玩具を準備する。 ・水遊び、泥遊び、夏ならではの遊びが思う存分楽しめるよう、遊具や用具をそろえる。 ・午睡後から降園までの過ごし方を工夫する。
保育者の 配慮		・かみつきやひっかきを未然に防ぐよう気を配る。 ・降園時間が集中する時間帯は、子ども同士のトラブルやけがに気をつける。	・保育室の空調を適切に保つとともに、こまめな水分補給、着替えを心がける。 ・季節の移り変わりの中で、活動と休息、水分補給をしっかりと行う。 ・感染症の病気や皮膚疾患について、感染症ガイドラインなどの新しい情報を常に取り入れる。
行事		入園進級式 / 誕生会 (毎月) / 健康診断 / 春の遠足 / クラス懇談会 / 親子リズム /	誕生会 (毎月) / 保育参観 / 運動会 / プール開き / 夏祭り / お泊り保育 /
評価・反省		それぞれの月齢差はありながらも個々に様々な経験をし、成長した。初月はできなかった事も日々のとのやり取りや友だちとの関わりを広げていけた1年になった。戸外でも沢山遊ぶ事を大切にし身体手指を使った遊びも室内で常にできるよう環境構成を工夫する等し、楽しみながら指先を使う事もで	

3期 (10月〜12月)	4期 (1月〜3月)
・散歩に出かけ、木の実や葉っぱなど秋の自然に触れる。 ・絵本の中の動物を見て、指差しをする。 ・積み木を高く積んだり、壊したりする。	・散歩に出かけ、冬の自然に触れたり、季節の変化に気づいたりする。 ・積み木やブロックで構成遊びを楽しむ。
・簡単な言葉のやり取りの楽しさを感じる。 ・身振りやしぐさ、言葉で自分の気持ちや要求を伝えようとする。 ・二語文で話す。 ・好きな友だちの愛称や自分の名前を言う。	・絵本を見ながら言葉のやり取りを楽しむ。 ・自分の気持ちや要求を言葉で伝えようとする。 ・簡単な言葉で友だちとのやり取りを楽しむ。 ・挨拶の言葉が言える。
・季節の歌や手遊びを真似して楽しむ。 ・紙に思い思いに描くことを楽しむ。 ・曲に合わせて、身体表現をする (さくらさくらんぼリズム)。	・保育者と一緒に模倣遊びをする。 ・季節の歌や知っている歌を歌ったりする。 ・曲に合わせて、身体表現をする (さくらさくらんぼリズム)。
・手や指先の発達を促す遊具の準備など子どもが心を動かして関わることができるように環境を整える。 ・散歩時の安全な散歩ルートを確認する。 ・手洗いの必要性を知らせ、風邪を予防する。	・楽しい雰囲気の中で食事がとれるように言葉かけや環境を整え、食べきれたという満足感が得られるように工夫する。 ・移行準備期は、階段の昇り降りなど無理なく行う。
・トラブルの仲立ちについては、個々の自己肯定感が育まれるような関わりを大切にする。 ・トイレで排泄できた喜びを感じられるよう、排泄のサインを見逃さないようにする。 ・暗くなるのが早くなるため、個々の関わりを大切にし、楽しい気持ちで過ごせるようにする。	・「発達経過記録」で、どのような発達しているかを把握し、1人ひとりの課題を見つけ、丁寧に関わることを大切にする。 ・「自分で」という気持ちを認めてゆっくりと待ち、できないところはさりげなく介助していく。 ・感染症に罹りやすい時期なので、体調の変化を見逃さず、早期発見、適切な対応などを心がける。 ・進級を前に、1人ひとりの気持ちを丁寧に受け止め、安心感や期待感がもてるようにする。
誕生会 (毎月)/ お楽しみ会 / デイサービスとの交流 / クリスマス会 /	誕生会 (毎月)/ 節分 / 個人面談 / ひなまつり / お茶会 / お別れ会 / 卒園式

保育の中でできる事が増えてきた。言葉が増え、考えたり、自我を表現し、その都度受け止めていく事で担任作りをしっかりとしていけたことで、戸外に出ると皆で走ったり、伝承遊びをしたりするようになった。その他、きた。

表3-3 月間指導計画（月案）

保育者の配慮
- 登園・降園時でのやりとりを通して、保護者との意思疎通を大切にし、不安や疑問を話しやすい信頼関係を築く。

評価・反省
- 前半2週間程はまだ慣れず、泣く子どもが多く見られ、落ち着いて過ごすことができなかったが、後半になり1日を通して笑顔で過ごせるようになってきた。毎日の習慣や変化を組み合わせて、楽しく落ち着いて過ごしていけるように環境設定など気をつける。

○○くみ 1歳児 月次指導計画

項目		ねらい	環境・構成
保育目標		● 新しい環境に慣れ、家庭的な雰囲気のなかで安心感をもって生活を送る。 ● 清潔で安全な環境の中で、快適に過ごせるようにする。	
子どもの姿		● 新しい環境に戸惑う姿や、不安で泣く子どももいるが、少しずつ慣れていく。 ● 新しい担当の保育者にも少しずつ慣れて、安心して好きな遊びをする。	
養護	生命	視診を丁寧に行い、1人ひとりの健康状態を十分に把握する。	保育室は清潔で安全な状態に整え、子どもの動線に配慮しながら必要に応じて構成を変えていく。
	情緒	1人ひとりの生活リズムに合わせて、無理なく新しい生活に慣れていけるようにする。	安心して過ごせる落ち着いた雰囲気作りを心がけ、子どものありのままの姿を受容していく。
教育	健康	おむつ交換をしてもらい心地よさを感じる。	新しいおむつや着替えなど、必要なものをそろえてからおむつ交換に誘う。
	人間関係	新しい保育室、担任、友だちにも慣れ安心して過ごす。	担当の保育者を中心に、新たな信頼関係が構築できるよう勤務体制を整える。
	環境	周りの人や玩具などに興味を示しながら探索活動を楽しむ。	不安定な歩行が妨げられないように保育室や園庭の遊具配置や設定を工夫し、安全を確保する。
	ことば	思いや欲求を、指差しや喃語など自分なりの方法で伝えようとする。	指差しや喃語などで表現される子どもの思いや欲求を汲み取り、言語化していくことを心がける。
	表現	歌や手遊びを喜び、身体を動かして遊ぼうとする。	のびのびと身体を動かして表現遊びができる場を作る。
食育		● 保育者がそばにいて、安心して食べられるように配慮する ● 楽しい雰囲気の中で食べる楽しさを味わう。	
健康・安全		1人ひとりの健康状態、身体発育の状態を把握する。	
保護者支援		● 園での様子を連絡帳や降園時に知らせ、家庭での様子も聞き、保護者の思いや不安な気持ち、子育ての喜びを共感しながら信頼関係を築く。 ● 記入してもらう児童表、連絡帳などで家庭での様子を確認する。	

表 3-3 つづき

保育者の配慮
- トラブルの仲立ちについては、個々の自己肯定感が育まれるような関わりを大切にする。
- トイレで排泄できた喜びを感じられるよう、排泄のサインを見逃さないようにする。

評価・反省
- 今月は毎日の気温差、朝晩の冷えにより咳や鼻水、体調不良な子どもが多かった。
- 季節の歌や絵本、新聞紙でのさつまいもの製作など様々な体験を楽しむことができた。

○○くみ 1 歳児 月次指導計画

保育目標	● 季節の変化に応じて、衣服の調節を行ったり、体調の変化に気をつける。 ● 秋の自然に親しみ、探索やごっこ遊びを楽しむ。		
子どもの姿	● 9月中旬から気温が下がり、鼻水が出る子どもが増える。 ● 行動範囲が広がり、高い所や狭い所も好んで行こうとする。 ● 友だちの遊びやしていることに興味を示し、同じことをしようとする。		
項　目		ねらい	環境・構成
養護	生命	1人ひとりの様子を把握しながら、身の回りのことを自分でやってみようとする意欲を育んでいく。	言葉かけや援助がタイミングよくできるよう、子どもの自発的な行動を見逃さないように心がける。
^	情緒	自己主張が強くなるが、保育者に受け止めてもらうことで安心して過ごせるようにする。	安心感がもてるように、子どもの思いや欲求を丁寧に言語化していく。
教育	健康	鼻水が出たら保育者に促されて、自分で拭く。	子どもの手が届く分かりやすい場所にティッシュペーパーやごみ箱を用意する。
^	人間関係	保育者の仲立ちにより友だちと一緒に好きな遊びを楽しむ。	子どもの思いを汲み取りながら、タイミングを見計らって他の子どもとの関わりの仲立ちをしていく。
^	環境	自分の持ち物と他人の持ち物の区別がつく。	毎日掃除をしてトイレを清潔にし、足元にマットを敷く。
^	ことば	好きな友だちの愛称や自分の名前を言う。	自分の思いを伝えやすいような、あたたかい雰囲気を作っていく。
^	表現	季節の歌や、手遊びを真似して楽しむ。	音やリズムを自由に楽しめるように、音のなる玩具や楽器に触れる機会を作る。
食育	友だちや保育者と一緒に食事をすることを楽しみ、意欲がもてるようにする。		
健康・安全	気温変化に留意し、室温管理、衣類調節などに配慮する。		
保護者支援	●園での様子を連絡帳や降園時に知らせ、家庭での様子も聞き、保護者の思いや不安な気持ち、子育ての喜びを共感しながら信頼関係を築く。 ●行事を通して、子ども成長を実感し、子育てへの意欲が高まるようにする。		

（2）短期的な指導計画

短期的な指導計画には週案・日案などがあります。

長期的な指導計画を踏まえ、子どもがどのようなことやモノに興味や関心があるのか、どのように生活したり遊んだりしているのかといった実態に基づいて、短期の指導計画を作成します。

（3）個別的な指導計画

3歳未満児は、特に発達の個人差が大きい時期です。同じ月に生まれた子どもでも、ミルクを飲む量やトイレの間隔、睡眠の時間は1人ひとり違います。そのため、子ども1人ひとりに沿った個別の指導計画を立てる必要があります[*1]。その際に、園やクラス内だけの連携だけでなく、家庭との連携も重要です。保育者は、連絡帳や登降園時の会話を通して保護者の気持ちや悩みを聞き、園での保育者と子どもとの関わりを伝えます。子どもの姿を保護者と保育者が共有し、対話を通して相互理解を深め、指導計画にも反映していきます。

*1 「保育所保育指針解説」では、「3歳未満児は、特に心身の発育・発達が顕著な時期であると同時に、その個人差も大きいため、1人ひとりの子どもの状態に即した保育が展開できるよう個別の指導計画を作成することが必要である」と記されています。

2 保育の評価

1 保育者の自己評価

保育者は、自らの保育実践を振り返って自己評価を行うことで、保育の質の改善や専門性の向上に努める必要があります。

子どもの発達の特性とその過程を踏まえ、「その子どもが何に興味や関心をもち、どのように変わってきたのか」という子どもの心の動きや物事に対する意欲など、内面の育ち（変容）の過程を重視します。このことを通して、1人ひとりの子どもの育ちを捉えていきます。

また、指導計画や保育実践について他の保育者の意見を求めることは、自分と異なる保育の視点に気づいて自らの保育を見つめ直す機会にもなります。保育所以外の専門家を交えたカンファレンスを行なうことも有効です。それによって改めて視野が広がり、保育所における保育者同士や園全体としての専門性の向上へとつながります。

子どもの育ちと自分の保育の振り返りを通して、次の計画改善へとつなぐプロセスを、PDCAサイクルといいます（図3-2）。このプロセスが循

指導計画（Plan）を作成し、保育実践（Do）を行い、保育実践から子どもの姿や保育者の関わりや援助・配慮の検討や評価（check）を行い、それを次の指導計画に反映（Act）させていく循環的なプロセスです。

図3-2 保育者の自己評価におけるPDCAサイクル

環的・継続的に繰り返されることによって、子ども理解が深まるとともに自らの保育の良さや課題への気づきが促され、日々の保育の改善と専門性の向上が期待されます。

2 保育所の自己評価

　自己評価は個人でとどめるのではなく、保育所全体の質の向上や専門性の向上につなげていくことが必要です。保育所の自己評価は、施設長や主任保育者等のリーダーシップの下に、全体的な計画とそれに基づく指導計画や個別の指導計画を踏まえ、さらに第三者評価や評価に関する保護者及び地域住民の意見を受け、評価の観点や項目を設定してきます（図3-3）。自己評価の結果は、各保育所が判断して公表するかどうか定めています。例えば、園だよりやホームページなどを利用するといった方法があります。自らの保育とその運営について公表することで、保護者と地域へ信頼される開かれた保育所づくりに役立ててくことが求められています。

保育内容等の評価

保育の内容
（子どもの育ちや内面についての理解を踏まえた保育の計画と、それに基づく環境の構成や子どもに対する援助・指導の過程）

保育の実施運営
（安全・衛生管理／職員組織のマネジメント／人材育成等）

保育士等による自己評価、保育所による自己評価
（第三者評価・保護者等の関係者による評価）
→全体的な計画、指導計画、研修計画等の作成や見直し

その他の評価の例

施設の運営管理
（財務・労務管理の状況等）

評価機関による第三者評価
→改善すべき事項等の指摘・助言
評価結果に関する情報の公開
保育所による自己評価
→運営主体（自治体・法人等）に報告・要望

業務の遂行に関わる行動・能力

保育士等による自己評価
→結果の報告内容を運営主体が
人事考課の際に参考として使用

図3-3 保育所で行われる様々な評価

（資料：厚生労働省「保育所における自己評価ガイドライン（2020年改訂版）」より作成）

第1部
乳児保育Ⅰ 理論編

第4章　乳児保育の実際

　乳児保育の実践は、子どもの成長・発達を後押しすることを目指して、季節や行事なども考慮して行われます。
　前章で学んだ保育の計画をふまえて、子どもがのびのびと遊びや生活を展開できるような安心・安全で興味・関心をひくような環境を整えたうえで、子どもの発達に応じたねらいをもった応答的保育を実践していくために、保育所保育指針に挙げられたポイントとなる内容を押さえておきましょう。

　保育所において、子どもが自己を十分に発揮し、生活と遊びが豊かに展開される中で乳幼児期にふさわしい経験が積み重ねられるよう、保育の内容を充実させていくことは極めて重要であり、それは保育所の第一義的な役割と責任である。特に保育の専門性を有する保育士は、子どもと共に保育環境を構成しながら、保育所の生活全体を通して保育の目標が達成されるよう努めなければならない。そのためには、子どもの実態とこの章で示す保育の内容とを照らし合わせながら、具体的な保育の計画を作成し、見通しをもって保育することが必要である。

(厚生労働省「保育所保育指針解説」、2018(平30)年より抜粋)

1 保育の環境

保育環境は、子どもの生活や活動の流れに沿ってつくられるものです。

同時に、子どもにとって常に、やすらぎと親しみを感じる場、楽しみの場となるよう努めます。

1 室内の環境

保育室は子どもにとって家庭に続く第二の生活の場となるところです。快適で安全に過ごせることはもちろん、子どもがその環境に自ら働きかけることができる応答的で楽しい場所であるように環境を整えましょう。

子どもは生活の中で聞こえる音(空調・足音・話し声など)の中から、自分に必要な音だけを選んで聞くことができません。保育室の中で、心身共に落ち着いて過ごすためにも、保育者自身が立てる音や、保育室内の音の反響など、音に敏感になることが必要です。

保育室の様子

子どもたちが安心して遊べるスペースを確保します。
この場所は、子どもたちが歩きまわるスペースとは違いおままごとや、乳児がゆっくり過ごせるスペースです。

【保育室環境の目安】
室温:夏 26〜28 ℃
　　　冬 20〜23 ℃
湿度:約60%

椅子に座って、絵を描いたり、折り紙をしたりするスペースです。

図4-1 保育室内の環境

（1）保育室内の環境構成

　日々の保育においては、子どもの主体的な活動を尊重し、支援する必要があり、子どもが成長していく過程でけがが一切発生しないことは現実的には考えにくいものです。そうした中で、可能な限り、事故予防と事故後の適切な対応を行うことは重要です。こども家庭庁が提示している教育・保育施設等における事故防止及び事故発生時の対応のためのガイドラインを参考に、保育中のヒヤリとした事例を集めたヒヤリ・ハット事例集を作成し、職員間で共有することも有効です。安全を確保した上で、子どもが興味をもって手を伸ばしたくなるような環境構成を行います。

　0歳児にとって、保育所で見るもの、触れるもの、感じるもののほぼ全てが新しいものです。何よりも穏やかで居心地の良い、安心できる環境を作ることを心掛けましょう。

冬の乾燥する時期は感染症予防の観点から加湿器を使い、湿度を保つと良いでしょう。
また、室内の喚起に関しては30分に1回以上・数分程度が求められていますが、その日の温度、湿度をみながら換気を行いましょう。

午睡時は、睡眠時の子どもの顔色が観察できるくらいの明るさになるように室内環境を整える工夫を行いましょう。

マークシール

重たい机と椅子

　ベッドは入眠しやすいように刺激の大きな音や光がさえぎられる所に設置し、室温も適宜調節します。

　遊びの空間では、0歳児の行動範囲やその視界に留意しながら安全・衛生に配慮した環境を整えます。そのうえで、子どもの興味・関心を楽しく刺激し、月齢に応じた発達を促すような遊具や玩具、絵本などを子どもが手にとれる所に配置します。また、床には滑りにくいカーペットや畳などを敷いたり、壁は手触りの柔らかい素材を貼ったりして、はいはいやつたい歩きなどで伸び伸びと探索活動ができる空間も確保しておきましょう。

　何より人的環境である保育者が、笑顔で優しく話しかけながら関わることが基本です。

　1歳以上3歳未満児の子どもは、保育者の援助を受けながら、少しずつ自分で身支度をしていきます。保育所では、子ども1人ひとりのマークが決まっています。そのマークがついている物（場所）は自分の物（場所）というような環境であると、子どもにとって見て分かりやすく、安心感にもつながります。

　また、子どもが日常的に使用する椅子や机は大人から見るととても小さいですが、ただミニチュアサイズというわけではなく、子どもが安定した姿勢で座り、食事や、製作などの作業がしやすいように工夫がされています。椅子は、深く腰掛けて、足の裏の全体が床につくような大きさの物を用意し、大きい場合には牛乳パックや空き箱を使った足置きを置くなどして調整します。

　また、つたい歩き、ひとり立ち、ひとり歩きなどができるようになると、行動範囲がぐんと広がります。保育室にある机や棚は、子どもが全体重でよりかかってもずれることのないように重たいものを置いている園もあります。子どもがしっかりと探索活動ができるように、使わない机や椅子は子どもに見えないところに収納し、床に物を放置せず、安全の確保を行います。

(2) 遊具・玩具

　子どもが自分の興味のある玩具でしっかり遊びこむことがこの時期は重要です。

　全身を動かして遊べるような室内用の滑り台、トンネルやマット、また手指を使って遊べるガラガラや積み木などを用意して子どもが遊びやすい場所に配置します。そして子どもの意欲や主体性を大切にしながら、保育者の見守りのもとで伸び伸びと遊べるように誘っていきます。そのなかで、物の使い方や片付けも保育者がやって見せながら知らせていきましょう。

● 遊具・玩具を選ぶ際の留意点

　保育所などでは、子どもたちの健やかな育ちを後押しするために遊びは不可欠です。よって子どもの発育・発達を理解したうえで子どもの興味・関心、五感を豊かに刺激する楽しめる遊具・玩具を用意していきましょう。見て楽しいものはもちろんですが、触った感触を楽しめるもの、振ってみて音の違いが感じられるものなど、子どもが自分で選べるように複数の種類を用意しましょう。指先で物がつまめるようになれば、積み木やブロックも子どもが喜ぶ玩具です。見立て遊びやごっこ遊びが楽しめるままごとの遊具もそろえておきたいものです。

　乳児期の子どもは、手指からの触覚刺激よりも口からの触覚刺激のほうに敏感に反応するので、目にしたものや手に触れたものを口に運ぶことが多いです。そのため、玩具の選択や使用する物の安全面・衛生面での配慮は適切に行い、日頃から心がけることが大切です。

室内の遊具

0歳児の玩具例

1 ● 保育の環境

1歳児の玩具例

2歳児の玩具例

玩具の安全性

　乳幼児用玩具で、口に入れて遊べるものについては、食品衛生法、電熱式玩具、電動式玩具については、電気用品安全法の規制を受けます。

　また、多くの玩具は、消費者救済を目的とするSTマーク制度などの適用を受けており、欧州から輸入される玩具は、CEマーク制度が適用されたものが輸入されています。また、プラスチックには、プラスチックの種類を識別するため識別マークが表示されています。

　食品衛生法で規制される玩具は、「乳幼児が接触することによりその健康を損なうおそれがあるものとして厚生労働大臣の指定する玩具」であり、食品、添加物、器具容器包装の規定を準用することと定められています。玩具の種類や原材料の違いにより定められている規格検査（重金属、鉛、カドミウム、ヒ素、亜鉛、フタル酸エステル類、過マンガン酸カリウム消費量など）のほか、玩具の製造基準に定められた着色料の溶出検査が必要になります。このような安全基準をクリアしたものを選択します。

2 屋外の環境

園庭にある植物も子どもが自然に触れる機会をつくる大切なものです。季節によって花が咲いたり、葉が青々としていたり、紅葉したり、葉が落ちて枝が見えたり、自然は豊かに変化して、子どもたちを楽しませてくれます。

共同注意を利用して、子どもの指差しに応えたり、保育者が指差した先に気づかせたりしながら、子どもと一緒に自然に親しみます。

また、砂場や水遊びも、子どもが自然に触れる機会です。自分で形を変えることのできるものを楽しむため、スコップや小さい容器などを準備します。汚れて着替えることを前提に、子どもが触れたり、見たりして感覚を味わう時間を積極的にとります。

子どもの様子1

お花が大好きなNちゃん（1歳6か月）と今日も手をつないで園庭にある花壇にきました。Nちゃんは嬉しそうに花を指差してニコニコしています。

❶ 屋外（遊び）での留意点

屋外は、室内では感じられない風や日光などを感じながら、解放感を味わえる場所です。土や砂や水はもちろん、その季節らしい植物や虫などの自然と触れ合いながら遊べるように、保育者が意図的に遊びに誘っていきましょう。

園庭では室内よりも広い空間で身体を思いっきり動かす機会があります。ボールを追いかけたり、地面に置いてある縄跳びをジャンプで飛び越えたり、子どもが楽しみながら、いろいろな身体の動きを楽しめるものを準備します。すべり台やジャングルジム、ブランコなどの固定遊具や三輪車なども子どもたちの遊びの意欲を刺激します。しっかりと全身を動かして安全に遊べるように見守っていきましょう。

＊1　暑さ指数
湿球黒球温度（WBGT：Wet Bulb Globe Temperature）

　階段を登れるようになった子どもは、1段ずつ登りたがるため、必ず保育者が一緒に登り、子どもがバランスを崩したときに支えられるようにします。また、すべり台をすべる間に体幹を維持することも難しいことです。
　初めは保育者の膝に乗せてすべる、子どもが怖がっていたら無理してすべらないなど、その時その時の子どもの気持ちに寄り添った関わりを心がけます。
　子どもは体温調節機能が未熟で、夏場は特に熱中症に注意が必要です。帽子をかぶる、水分補給をこまめに行うなどの対策をとります。環境省のホームページで、暑さ指数（WBGT）[＊1]をみることができます。屋外に出る前に確認し、暑さ指数が高いようであれば屋外活動を中止します。屋外に出た後の子どもの様子をしっかり観察し、早めに屋内に戻るなど対応をしましょう。
　冬場は寒さ対策で防寒着を着用します。防寒着のフードを被ると、耳を完全に覆ってしまい、音が聞こえにくくなり、衝突事故が起こる可能性もあります。それを防ぐためにも、別の帽子を被るように促します。

保育者の関わり 15

子どもたちが安全に遊ぶために

　園庭で遊ぶ際には固定遊具や砂場、乗り物（年長児が乗るスケーターなど）、植物や飼育物などの扱いについて保育者同士で情報共有が必要です。子ども同士の衝突や転倒によるけがなど危険防止の確認をしましょう。
　子どもたちが遊ぶ前には園庭に危険なものが落ちていないか、犬や猫の糞など不衛生なものがないかの点検をしましょう。
　飼育物と触れ合う際には保育者が付き添い、噛まれる、引っかかれることのないように気をつけ、その後の手洗いを励行します。
　園で育てているミニトマトなどを乳幼児が食べてしまうこともあります。ほかにも植物などの突起物や害虫などがいないか気をつけましょう。
　門扉の鍵は子どもが簡単に開けられないものとし、いま遊んでいる子どもの人数を常に把握することも重要です。

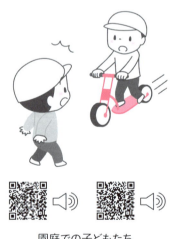

園庭での子どもたち

❷ 散歩時の留意点

　園外にお散歩に行く場合、車や信号、人など、保育所内にはない物が多くあります。子どもは興味をもったものに引き寄せられるので、事前にルートを保育者間で確認し、自転車が多い場所や歩道に看板などが設置してある場所など、危険な場所の情報を共有しておきます。

　お散歩カーなどを利用している場合は、段差がなるべく少ない場所を選びます。子どもが歩いて移動している場合には、子どもは興味のあるものを見つけると、引き寄せられていき、立ち止まったり、車道に出たり、道に置いてある看板にぶつかったりするので、子どものペースで歩きながらも、危険なもの（看板・側溝など）は大きく避け、自転車などが通る場合は保育者同士で声をかけあいながら、安全にお散歩を行います。

(A) 事前準備
- 散歩の経路、目的地における危険箇所の確認
- 危険箇所などに関する情報の共有
- 散歩計画の作成

(B) 出発前
- 天気、職員体制、携行品[*1]などの確認
- 子どもの状況などの確認[*2]
- 保育所に残る職員などに対する情報共有

(C) 道路の歩き方
- 道路を歩く際の体制・安全確認など

(D) 目的地
- 現地の状況確認[*3]
- 子どもの行動把握
- 子どもの人数や健康状態の確認

(E) 帰園後
- 子どもの人数、健康状態等の確認
- 帰園の報告
- 散歩後の振り返り[*4]

（参考：東京都福祉局「保育所等における園外活動時の安全管理に関する留意事項」より）

*1　携行品の例
　救急用品、携帯電話、緊急連絡先リスト、子どもの名簿、防犯ブザー、ホイッスル、筆記用具など

*2　子どもの健康状態、天気や気温などに適した服装をしているかの確認、参加する子どもの人数、迷子などの緊急時に備えることも大切です。

*3　死角の有無、危険物や不衛生なものがないか、遊具などの安全管理、不審者には近づかないように　など

*4　散歩中に新たな危険な場所を見つけたり、子どもについて保育上の配慮などがあったりした場合は職員間で共有します。

2 0歳児の保育の実際

2 0歳児の保育の実際

0歳児クラスの1日

★保育士日課表（0歳児クラス）例
2024年6月5日（水）2組　　　　　　　　　　園児：7名、保育士3名、補助員3名

時 間	活 動	保育士1	保育士2	保育士3	補助員
		A：4月生 B：6月生	C：4月生 D：4月生 E：4月生	F：10月生 G：12月生	
7:00	順次登園	子どもの受け入れ、視診、検温、見守り			朝おやつ準備
8:30		朝おやつ			離乳食数確認 給食室へ報告
9:00		9:00までに登園			お茶準備
		・移動　・各自 連絡帳のチェック			
	順次排泄	1→2の順番			離乳食準備
9:30		・戸外、室内遊び			ミルク準備
10:00	水分補給				コット準備
10:20	離乳食		3：完了期	6：初期	子どもの見守り
		1：中期	4：完了期		
10:45		2：後期	5：完了期		離乳食片づけ
11:30	午 睡	・おむつ交換、寝かしつけ、起きている子の 見守り、 　廊下やトイレの掃除、玩具消毒、連絡帳の記入			
13:40	水分補給	徐々に起きてきた子のおむつ交換、見守り			離乳食準備 ミルク準備
14:00	離乳食	1：中期	3：完了期		コット片づけ
		2：後期	4：完了期		子ども見守り
			5：完了期		掃除、洗濯
15:30	戸外・室内	連絡帳の記入締め、子どもの遊びの見守り			お茶準備
	水分補給				
	順次排泄	1→2の順番			給食室へ返却
	順次降園	お迎えの対応			
17:00		移動			
18:00	延長保育				

88

おはよう！
くつを脱いで入ろうね。

よいしょ、よいしょ
もっとつめるかな

おなかがすいたぁ～
いただきまーす

おやすみなさーい

なんのお話かな？

今日も1日、楽しかったぁ！
バイバーイ♪

1 乳児保育の基本的事項

　乳児クラスにおいては、子ども自身の欲求を受け止め、応答的に関わる特定の保育者との信頼関係を築くことが、子どもの発達上とても大切です。その信頼関係を基盤として、安全で心地の良い環境の中で、子どもが自ら周りの人や物に関わろうとする力の基盤が育まれます。

2 乳児保育のねらい及び内容

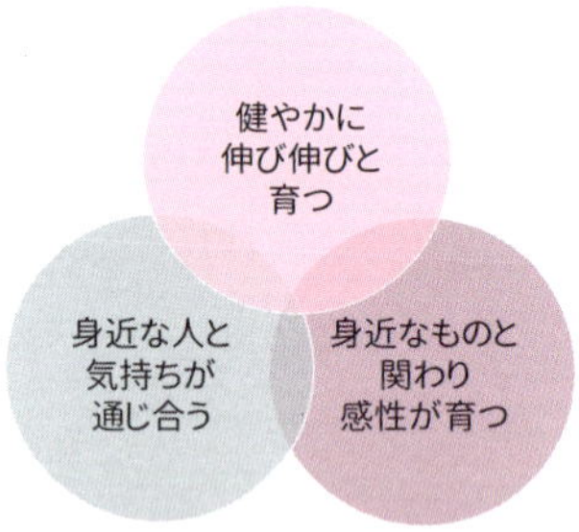

　乳児保育の「ねらい」及び「内容」については、身体的発達に関する視点「健やかに伸び伸びと育つ」、社会的発達に関する視点「身近な人と気持ちが通じ合う」及び精神的発達に関する視点「身近なものと関わり感性が育つ」の **3つの視点** が挙げられます。これらは養護と教育と一体的に展開されることが重要です（**図4-2**）。

図4-2 3つの視点

＊1　生理的早産
　　　p.18 参照

（1）身体的発達に関する視点「健やかに伸び伸びと育つ」

　人間の出産は生理的早産[1]といわれ、未熟な状態で生まれてきます。そのため生まれたばかりの乳児期の子どもは身体的には自分で姿勢を変えることも、移動したりすることも、食べることも大人の力を必要とします。そのため周りの大人が子どもの欲求を受容しながら、生理的・心理的欲求を満たす応答的な関わりをし、心地よい安定した生活が送れるようにすることが大切です。特に乳児期は生理的・心理的欲求に対し保育者が愛情豊かにタイミングよく応答することで安心感や充足感をもたらし、生活リズムの感覚を培います。お腹が空いたら温かいミルクが用意され、お腹がいっぱいになったら排泄をし、おむつが汚れたら替えて気持ち良くなり、眠くなったら眠ることができるといった欲求を満たす心地よい体験の繰り返しは、子どもの心身を満たし、健やかな成長・発達につながっていきます。また、それらは自分という存在の感覚をも育み、自ら感じ、考え、表現し、心地よい生活を追求していく自己の土台になります。

　「保育所保育指針」では、「健康な心と体を育て、自ら健康で安全な生活をつくり出す力を養う」ことを目標に、3つのねらいと5つの内容が示されています。

【ねらい】
① 身体感覚が育ち、快適な環境に心地よさを感じる。
② 伸び伸びと体を動かし、はう、歩くなどの運動をしようとする。
③ 食事、睡眠等の生活のリズムの感覚が芽生える。

【内容】
① 保育士等の愛情豊かな受容の下で、生理的・心理的欲求を満たし、心地よく生活をする。
② 1人ひとりの発育に応じて、はう、立つ、歩くなど、十分に体を動かす。
③ 個人差に応じて授乳を行い、離乳を進めていく中で、様々な食品に少しずつ慣れ、食べることを楽しむ。
④ 1人ひとりの生活のリズムに応じて、安全な環境の下で十分に午睡をする。
⑤ おむつ交換や衣服の着脱などを通じて、清潔になることの心地よさを感じる。

(資料：厚生労働省「保育所保育指針（平成30年3月）」より)

乳児期の子どもは、自分と外界の区別についての意識が混沌としていますが、機嫌よく目覚めている時に自分の手をかざして眺めて手を発見します。このハンドリガード*1 がみられる時期は、手を口の中に入れたり、顔の周りで動かす様子がみられます。けがをしないように爪を切ったり、手を清潔に保つように心がけることも重要です。

*1 ハンドリガード
　仰向けに寝て、握った手を上にあげてジッと見つめる仕草のこと。

子どもの様子2

　仰向けで寝ているSちゃん(3か月)が、自分の右手を上にあげ、ジーっと見つめたり、なめたりしていました。「おてて、Sちゃんのおててね」と声をかけると、手のひらをグーパーしたり、腕を見つめたりしていました。

(2) 社会的発達に関する視点「身近な人と気持ちが通じ合う」

人間は社会の中で生きていく存在であるため、人との関わりが特に重要です[*1]。その基礎を作るために乳児期は、身近な保育者との愛情豊かな受容的・応答的関わりをとおし、人との間に愛着形成をしたり、基本的信頼感を高めたりすることが発達上の課題となります。保育者が乳児にとって愛着の対象となるためには、適切なタイミングで関わることが重要です。

「保育所保育指針」では、「受容的・応答的な関わりの下で、何かを伝えようとする意欲や身近な大人との信頼関係を育て、人と関わる力の基盤を培う」ことを目標に、3つのねらいと5つの内容が示されています。

[*1] ほかの人と関係を結びながら、群れを成して生きていく人間の根本的な性質です。人間はほかの人を自分の仲間と捉え、協力しながら生きていきます。

【ねらい】
① 安心できる関係の下で、身近な人と共に過ごす喜びを感じる。
② 体の動きや表情、発声等により、保育士等と気持ちを通わせようとする。
③ 身近な人と親しみ、関わりを深め、愛情や信頼感が芽生える。

【内容】
① 子どもからの働きかけを踏まえた、応答的な触れ合いや言葉がけによって、欲求が満たされ、安定感をもって過ごす。
② 体の動きや表情、発声、喃語等を優しく受け止めてもらい、保育士等とのやり取りを楽しむ。
③ 生活や遊びの中で、自分の身近な人の存在に気付き、親しみの気持ちを表す。
④ 保育士等による語りかけや歌いかけ、発声や喃語等への応答を通じて、言葉の理解や発語の意欲が育つ。
⑤ 温かく、受容的な関わりを通じて、自分を肯定する気持ちが芽生える。

(資料：厚生労働省「保育所保育指針(平成30年3月)」より)

乳児が泣いた時、すぐに駆け寄って泣いている原因を探り、「お腹が空いていたのね」と声をかけられ、温かいミルクが飲めるという体験は、泣くということとミルクが飲めるということが乳児の中で結びつき、自分には人を動かす力があるといった自己効力感や、大切にされることにより自己肯定感の獲得につながります。そして絶妙なタイミングで応答してくれた保育者に対し信頼感や安心感を寄せるようになります。また、ミルクを飲んでいる時に発する乳児の声に対し、「そうだね、おいしいね。温かいね。」や、「ミルクを飲んでお腹いっぱいになったね」など、その気持ちを代弁することにより乳児は、自分の気持ちを受け止めてもらえる、自分をきちんと見ていてくれているという安心感につながります。

このような、受け止めてくれるという感覚につながるような関わりを繰り返していくことで、表情や体の動き、喃語[*1]など、コミュニケーションの基礎が発達し豊富になり、自分の気持ちや言いたいことを伝えたいという意欲を高めていきます。特定の保育者との愛着関係が深まる一方で、人見知り[*2]もみられるようになります。

*1 p.42 参照

*2 p.39 参照

子どもの様子3

Uちゃん(6か月)、白身魚をスプーンに乗せ、口元に持っていき、「あーん」と声をかけると、口を開けてスプーンを口に入れます。「おいしいね」と言うと、「あーあー」と言いながら頷くようなしぐさをします。飲み込み終わると、白身魚を指差し、「あーあー」と声を出すので、「もっと食べたいのね。いっぱい食べようね」と声をかけ、スプーンを口元に持っていくと、口を開けてまた食べました。

子どもの様子4

Aちゃん(12か月)が保育者と積み木で遊んでいる時、部屋の隅にうさぎのぬいぐるみを見つけたようです。Aちゃんはぬいぐるみを指差しながら、保育者の顔を見ました。保育者が「うさぎさんだね。」と声をかけるとAちゃんはぬいぐるみの方へ歩き始めました。でも、ふと立ち止まり、保育者を振り返りました。その時保育者は「大丈夫だよ。見ているからね」と声をかけると、またAちゃんは歩き出し、ぬいぐるみまで辿り着くことができました。

(3) 精神的発達に関する視点「身近なものと関わり感性が育つ」

乳児は生まれた瞬間から環境に体全体で関わっており、その環境を通して様々な刺激を受け取っています。愛着関係で結びついた特定の保育者を安全基地とし、興味や関心のあるものに手を伸ばしたり、触れたりし、新たな刺激を感じ取り、その時の驚きや喜び、発見を身体や声を使って表現した時に、保育者が共感的に受け止めることで、もっと自分の思いを伝えたり、表したいという気持ちが高まっていきます。それは自分が生きる世界を広げたり深めたりしていく基盤となります。

「保育所保育指針」では、「身近な環境に興味や好奇心をもって関わり、感じたことや考えたことを表現する力の基盤を培う」ことを目標に、3つのねらいと5つの内容が示されています。

興味や関心のあるものに手を伸ばしたり、触ろうとする仕草をリーチング（4か月頃～）といいます。

【ねらい】
① 身の回りのものに親しみ、様々なものに興味や関心をもつ。
② 見る、触れる、探索するなど、身近な環境に自分から関わろうとする。
③ 身体の諸感覚による認識が豊かになり、表情や手足、体の動き等で表現する。

【内容】
① 身近な生活用具、玩具や絵本などが用意された中で、身の回りのものに対する興味や好奇心をもつ。
② 生活や遊びの中で様々なものに触れ、音、形、色、手触りなどに気付き、感覚の働きを豊かにする。
③ 保育士等と一緒に様々な色彩や形のものや絵本などを見る。
④ 玩具や身の回りのものを、つまむ、つかむ、たたく、引っ張るなど、手や指を使って遊ぶ。
⑤ 保育士等のあやし遊びに機嫌よく応じたり、歌やリズムに合わせて手足や体を動かして楽しんだりする。

（資料：厚生労働省「保育所保育指針（平成30年3月）」より）

👉 子どもの様子 5

Bちゃん(8か月)、天井にキラキラした光を見つけ、「あー、あー」と声を出しながら指を差しました。保育者が「キラキラきれいだね。何かな」と言いながら、床に落ちているおもちゃのかがみを拾い「Bちゃん、これはかがみ。かがみのキラキラが天井にうつっているんだよ」と言いました。かがみを動かすと天井のキラキラも動き、その様子を見たBちゃんは嬉しそうに「あー、あー」と指を差しながら声を出していました。

乳児が表現したものに対して保育者は寄り添い、「かわいいね」、「不思議だね」と共感的に受け止め、言葉にすることは、乳児の感覚と言葉の橋渡しをするものとなります。乳児は、身近な保育者と思いを共有する喜びや身体の発達に支えられ、もっと表現したいという意欲や力が培われていきます。そのような中で、歌やリズムに合わせて体を動かすことを楽しみ、保育者やほかの乳児と楽しみを分かち合うことは自分の気持ちを他者に伝えようとする経験にもなります。体を動かすことは自分を表現したり、他者と関わり合ったりする上で大切なため、乳児1人ひとりの発達を見極めながら、乳児が安心して探索したり、体を動かすことができるような環境を整え、乳児の遊びが発展していけるように配慮を行うことが大切です。

子どもの様子6

　Cちゃん（6か月）、寝返りをした時に、ふと玩具に手にあたりました。Cちゃんはそれを掴むと、カタカタと音がして驚いたようです。保育者は「カタカタ鳴るね、面白いね」と声をかけると、Cちゃんは玩具を両手で持って振ると大きなカタカタ音が鳴って大声で笑いました。保育者は「カタカタ鳴るの不思議だね」と声をかけると嬉しそうに「あー、あー」と声を出しながら、繰り返し振っていました。

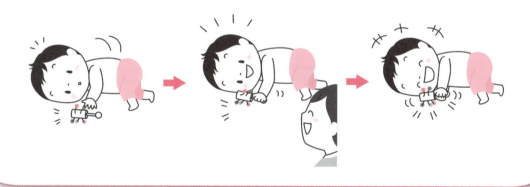

3　1・2歳児の保育の実際

1・2歳児クラスの1日

★保育士日課表（1歳児クラス）例

2024年7月18日（木）1組　　　　　　園児：12名（A〜K）、保育士2名、補助員1名

時間	活動	保育士1		保育士2		補助員
		A	E	G	K	
		B	F	H	L	
		C		I		
		D		J		
7:00	順次登園	子どもの受け入れ、検温、遊びの見守り				配膳用ワゴン準備 おしぼり・おやつ準備
8:00〜8:30	順次おやつ	・9:00までに登園→全員おやつ				
9:00	室内遊び	・各自　連絡帳のチェック				戸外遊びの準備
	順次排泄	・1→2→3の順番				
9:10	集まり	・絵本読み（A→B→C）週交代				
9:20	水遊び	・3→2→1で入る 3 水遊び＋水分補給 2 水遊び＋水分補給 1 水遊び＋水分補給		★シャワー 9:20〜戸外 10:00 水分補給後室内 10:15〜順次シャワー		お茶準備 コットの準備
10:30		室内へ				給食準備
10:50	給食開始	D（離乳食）	F	L	K	遊びを見る
			H		B	
11:20		A	E	I		
		C	G	J		
12:00	順次午睡	・エプロン、給食片づけ ・部屋、トイレ、廊下掃除、玩具消毒 ・マット掃除（月水金）、棚掃除（毎週金曜日） ・連絡帳、個人記録、日誌 ・起床した子どもから排泄				寝かしつけ おやつの準備 コット片づけ
12:30						
14:40	おやつ	・おやつ　・掃除（週交代）、排泄				遊びを見る おやつ片づけ
15:15	戸外遊び					お茶準備
16:00	水分補給					
16:30	順次排泄	・担当順次排泄				片づけ
	順次降園	・お迎えの対応				
18:00	延長保育					

おはよう！
お友だちは来ているかな？

みんなが来るまで
お部屋であそんで
まっていよう。

バシャバシャ
お水遊び楽しいな♪

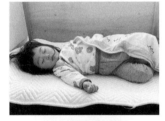

ごはん食べて
お昼寝しよう。
おやすみなさい。

ケーキ屋さんごっこをしたよ

子どもの様子

バイバーイ♪
また明日あそぼうね。

1　1歳以上3歳未満児の保育の基本的事項

　身体機能、手指の機能、言語など、あらゆる面で著しく発達していき、衣服の着脱など身の回りのことを自分でしようとする姿もみられるようになります。周囲への興味関心が高まり、子ども同士の関わりが徐々に増えていきます。遊びにおいても、玩具を使った見立て遊びや、大人と一緒に簡単なごっこ遊びを楽しむようになっていきます。

　一方で、思うようにいかない経験も増えていきます。自分で衣服を着たいのに着ることができなかったり、遊びたい玩具がほかの子どもに使われていたりと揺れ動く気持ちを、泣く・叫ぶなど全身で表現するため、子ども同士のいざこざもみられるようになり、日常的に接する大人としては困ったことが増える時期でもあります。

　この時期は自己を主張することを覚える段階であり、かつ、その主張を受け止めてもらう経験を積み重ねることで、他者を受け入れるための基盤を整えていることを念頭に、「自分でしたい」という子どもの思いや願いを尊重する関わりを心がけましょう。

図4-3　保育内容の5領域

2　1歳以上3歳未満児の保育のねらい及び内容

　この時期は、発達の著しい時期です。そのため、1人ひとりの子どもに応じた保育を行うことが求められます。その際、保育の内容は、子どもの発達の側面から、健康・人間関係・環境・言葉・表現の5領域で示されています（図4-3）。

（1）心身の健康に関する領域「健康」

　脳の発達とともに自分の体を動かすことをコントロールできるようになってきた子どもは、未熟ながらも自分が今もっている心身の力を存分に発揮し、ぎこちないながらも基本的な身体の動きが整っていきます。

　領域「健康」の保育の目標は「健康、安全など生活に必要な基本的な習慣や態度を養い、心身の健康の基礎を培うこと」です。

❶ ねらい及び内容

　自分でやりたいという気持ちが高まるため、その気持ちを尊重しながら保育者は、子どもの自立に向けて、情緒の安定、運動発達の向上、基本的生活習慣の獲得に向けて支えていくことが大切です。特に1歳を過ぎると歩き始めることで行動範囲が広がり、活発さも出てきます。

　「保育所保育指針」では、「健康な心と体を育て、自ら健康で安全な生活をつくり出す力を養う」ことを目標に、3つのねらいと7つの内容が示されています。

【ねらい】
① 明るく伸び伸びと生活し、自分から体を動かすことを楽しむ。
② 自分の体を十分に動かし、様々な動きをしようとする。
③ 健康、安全な生活に必要な習慣に気付き、自分でしてみようとする気持ちが育つ。

【内容】
① 保育士等の愛情豊かな受容の下で、安定感をもって生活をする。
② 食事や午睡、遊びと休息など、保育所における生活のリズムが形成される。
③ 走る、跳ぶ、登る、押す、引っ張るなど全身を使う遊びを楽しむ。
④ 様々な食品や調理形態に慣れ、ゆったりとした雰囲気の中で食事や間食を楽しむ。
⑤ 身の回りを清潔に保つ心地よさを感じ、その習慣が少しずつ身に付く。
⑥ 保育士等の助けを借りながら、衣類の着脱を自分でしようとする。
⑦ 便器での排泄に慣れ、自分で排泄ができるようになる。

（資料：厚生労働省「保育所保育指針（平成30年3月）」より）

❷ 保育者の関わり（内容の取扱い）

　保育者は、子ども1人ひとりの発達を捉え、安全に配慮しながら体を動かすことができるように環境を整え、基本的生活習慣を形成していけるように関わることが重要となります。

(A) 自ら体を動かそうとする意欲が育つようにする

　遊びの中では、走る、登る、跳ぶ、蹴る、投げる、もぐる、くぐるなど、多様な体の動きを獲得し、運動機能を高め、遊具などを通して一緒に遊ぶなど、遊びを通して人との関わりも深めていきます。その中で保育者は、子どもたちが心地よく楽しく遊べる遊びを展開していきます。

　体全体を使う遊びは運動諸機能や精神機能を高め、子どもが自分の体を使って様々な感覚を体験することにもつながります。

(B) 望ましい食習慣の形成を支える

食事においては、離乳完了期から幼児食への移行にともない、食べられるものが増え、食材の味やみんなで食べることの楽しさを学び、生活をともにする子ども同士の関係が深まり、食べることへの満足感の表現や言葉と自分の感覚が一致していきます。食事の前には手を洗ったり、食後に歯を磨いたりなど、清潔に関わる状況の理由や方法を体験的に理解しながら、自分を清潔にしていくための習慣も身につけていきます。

(C) 1人ひとりの状況に合わせた排泄習慣を支える

自分の力で排泄をすることが可能となってくるため、「自分でできる」という気持ちや「うまくできた」という自信を育むことも重要です。適切なタイミングでおむつを交換し、清潔の感覚を経験できるように関わったり、もじもじしていたら、優しい言葉でトイレに誘導するなど、心地よい排泄の経験を積み重ねられるように関わります。大切なことは、発達には個人差が大きいため、1人ひとりを尊重し、発達に合わせた援助を繰り返していくことです。

(D) 基本的生活習慣の形成に向けて配慮する

またこの時期は、食事や排泄のほかにも、清潔、更衣、睡眠といった基本的生活習慣を形成する時期でもあります。日々の生活の中で繰り返し関わることで身につけることができるような配慮が求められます。安定した生活のリズムがつくられていくことで子どもは、ある程度生活の流れを見通すことができるようになっていきます。

清潔に関しては、汗をかいたり泥で汚れたら、「きれいな服に着替えようね」、「さっぱりしたね」と保育者が声をかけながら、体を拭いたり着替えなどで、清潔にすることの心地よさや言葉の意味を理解していきます。着替えの時などは、できないところは保育者が手伝いながら、子どもができたことに対しては「上手にできたね」と声をかけることにより、自信がつき自分で取り組もうという意欲につながったり、自立への一歩につながったりするため、大切な関わりとなります。日々同じことを繰り返すことで、園庭に出るときは自分で帽子をかぶったり、園庭から帰ってきたら自分で手を洗ったりなどの生活習慣の基礎が育まれていくので、根気よく関わることが重要となります

> **子どもの様子 7**
>
> 　Mちゃん（2歳）は自分で靴を履こうとしていますが、かかとが入らなかったり左右が逆になったりしてうまく履けずにかんしゃくを起こしています。保育者が手伝おうとすると嫌がり、「自分でやる」と言います。保育者は「ゆっくりでいいよ」と声をかけ、Mちゃんが履けるまで見守りました。Mちゃんは気持ちを立て直して何度もやり直し、頑張って靴を履くことができました。そして満足そうな笑顔で保育者を見上げた後、元気に園庭にかけ出しました。

（2）人との関わりに関する領域「人間関係」

　ひとり歩きができるようになり、物と言葉が一致して語彙数が増えてくると、身近な大人の見守りと適切な関わりのもとで子どもは活動の範囲を大きく広げていきます。周りの様々な人や物などに興味・関心を示し、やり取りを喜ぶようになります。保育所での生活や遊びの経験を通して「自分でやりたい」と思う自我が芽生えるとともに、きまりにも気づいていきます。

　領域「人間関係」の保育の目標は「人との関わりのなかで、人に対する愛情と信頼感、そして人権を大切にする心を育てるとともに、自主、自立及び協調の態度を養い道徳心の芽生えを培うこと」です。

❶ ねらい及び内容

　不安定ながらも1人で歩けるようになると、子どもは自分でできることが増えていきます。自分と他者との区別が徐々に分かってきて、周りの様々なことに興味・関心をもつようになり、気になる人や物に触れてみようと子どもなりに試行錯誤しながら探索活動を始め、身近な保育者の適切な見守りや援助を頼りに自分の世界を広げていきます。

　「保育所保育指針」では、「他の人々と親しみ、支え合って生活するために、自立心を育て、人と関わる力を養う」ことを目標に、3つのねらいと6つの内容が示されています。

【ねらい】
① 保育所での生活を楽しみ、身近な人と関わる心地よさを感じる。
② 周囲の子ども等への興味や関心が高まり、関わりをもとうとする。
③ 保育所の生活の仕方に慣れ、きまりの大切さに気付く。

【内容】
① 保育士等や周囲の子ども等との安定した関係の中で、共に過ごす心地よさを感じる。
② 保育士等の受容的・応答的な関わりの中で、欲求を適切に満たし、安定感をもって過ごす。
③ 身の回りに様々な人がいることに気付き、徐々に他の子どもと関わりをもって遊ぶ。
④ 保育士等の仲立ちにより、他の子どもとの関わり方を少しずつ身につける。
⑤ 保育所の生活の仕方に慣れ、きまりがあることや、その大切さに気付く。
⑥ 生活や遊びの中で、年長児や保育士等の真似をしたり、ごっこ遊びを楽しんだりする。

(資料:厚生労働省「保育所保育指針(平成30年3月)」より)

❷ 保育者の関わり（内容の取扱い）

　子どもはありのままの自分でいられる環境のなかで、信頼できる保育者の見守りと適切な関わりにより、自分の居場所を確保することができます。そしてこれを基盤にのびのびと自己を発揮しながら外の世界に働きかけ、発見したり、気づいたりしながら成長・発達していきます。保育者は子どもの居場所、すなわち安全基地として機能できるように、子ども1人ひとりの家庭の状況や育ちの過程も含めて把握したうえで、子どもの思いや欲求に寄り添いながら関わることが重要です。

(A) 子どもと応答的に関わり、適切な援助を行う

　愛情豊かな保育者が応答的に関わり、適切な援助を行うことで子どもは安心して活動の幅を広げていくことができます。

　まず保育者は、子どもが無理なく保育所生活になじめるように子どもの思いに寄り添い、その時の状況や気持ちを言語化しながら子どもの欲求に対して応答的に関わりましょう。ともに喜んだり悲しんだり残念がったり子どものありのままの気持ちに共感することを心がけてください。

　保育者は子どもに安心感を与えられる存在として、うまくいったときだけでなく、むしろうまくいかなかったときの子どもの思いに寄り添い、困ったことがあればいつでも手助けできることを子どもに伝えていきましょう。「○○先生のところに行けば助けてもらえる、安心できる」と思われるように関わることが大切で、その安心感が子どもの自発的な探索活動を促します。

　保育者にたくさん密着することで安心できる子どももいれば、どちらかというと少しの関わりで満足する子どももいます。1人ひとりの子どもの

思いや欲求をよく理解し、ほかの保育者や子どもたちとの間をつなぎながら温かい表情や言葉で応答していきましょう。

ただし、いつも援助するだけでは子どもは自分で発見する喜びやできたときの満足感や達成感を味わうことができません。手助けしすぎると逆に子どもの依存心を引き出す結果につながることもあります。

子どもの自主性や自発性を育むためには、子どもが困っているとき、戸惑っているときにすぐに手助けするのではなく、子どもの意欲を尊重しながらまずは温かく見守っていきましょう。その上で「自分でできた」と感じられるように、タイミングを見計らいつつその子にとって必要な援助を行い、成功体験につなげていきましょう。

(B) 子どもの感情の表出についての援助を行う

子どもは信頼できる大人の見守りのなかで活動の範囲を広げ、新しい場面に興味・関心を示して関わりをもとうとしたり、自分でできるようになったことを試してみたりするようになります。しかしまだ十分にできる力が育っておらず、きまりがあることは何となく分かっている状態です。自分の欲求が最優先のために、思うようにいかないことや他者との関わりのなかでいざこざが起こることがあります。気持ちの立て直しや関係の調整には大人の適切な介入が必要です。いざこざは子どもが周りの子どもに興味や関心を示した成長の証しだととらえて丁寧に対応しましょう。

子どもの「楽しい気持ち」や「自分でできた喜び」には、タイミングを逃さずに共感することで子どもの自己肯定感が高められます。

うまくいかないときは、ありのままの子どもの思いを「嫌だったね」、「悲しいね」、「おもちゃが欲しかったんだよね」などと分かりやすく言語化していくことで、子どもは受容されたことに安心して気持ちが落ち着きます。さらに思いが言語化されることで自分の気持ちを客観的に知ることもできます。また、相手にも気持ちがあることに気づくとともに、自分の気持ちを他者に伝える方法も知ることができます。

「いざこざにつながるような感情は我慢させる」のではなく、まずはありのままの感情の表出を促してそれを言語化します。気持ちが落ち着くように受容したうえで生活や遊びにはきまりがあることを知らせ、きまりを守ることでお互いに気持ちよく過ごせる経験ができるように意図的に関わりましょう。

(C) 他者との関わりの仲立ちをしながら、子どもの自我の育ちを促す

　自分でできることが増え、様々な人や物に興味を示すこの時期、保育者は子どもの興味・関心、意欲を刺激するように他者との関わりの機会を意図的につなぎ、自我の育ちを促すとともに、他者と一緒に過ごすこと、関わることの楽しさ、心地よさを十分に味わえるようにしましょう。

　自我が芽生え育ち始めるこの時期は、子どもは自分の欲求が最優先で興味のあるものに目を奪われて危険なことが見えていないことがあります。また自分のやり方やタイミングにこだわり、保育者の援助を嫌がることもあります。自分と他者との区別も曖昧なので、しばしば物の取り合いや順番争いなどのいざこざが起こります。まだきまりがあることが十分に分かっていませんし、きまりを守ることでお互いに気持ちよく過ごせるという経験もまだほとんどない状態ですから、トラブルは無理もないことです。

　保育者は、生活や遊びにはきまりがあって、それを守ることでお互いに気持ちよく楽しく遊べることを知らせていく必要があります。しかし保育者が一方的に教えるだけ、守らせるだけでは自分の生きる力として使えるスキルにはなりません。

　いざこざが起こったときはきまりを知らせる絶好のチャンスと前向きに考えて、どのようにすればお互いに気持ちよく過ごせるのか保育者が見本となってやって見せ、気持ちの立て直しができるように関わりましょう。

　様々な経験の過程を大切にしながら、相手にも思いがあることや自分の欲求を少し我慢してでもきまりを守ることで相手との関係がうまくいくことを経験することが重要です。

　しかし欲求を少し我慢するだけでも子どもにとってかなりのストレスになります。それを理解したうえで愛情をもって保育者が子どもの悲しい気持ちや悔しい気持ちを言語化しながら、「きまりが守れたね」、「自分の気持ちが言えたね」などと子どもの思いに寄り添うことで、子どもは自分の気持ちに折り合いをつけ、我慢ができた自分に喜びを感じて自己肯定感を高めることができます。

　生活や遊びにはきまりがあること、それを守ることの大切さに子どもが気づくためには、同じ年齢の友だちとの関わりも不可欠ですが、保育者や年上の友だち等とのまねっこ遊びやごっこ遊びも有効です。

　例えば、年長児との関わりのなかであこがれの気持ちを抱いてその様子を真似したり、自分が困っているときに保育者が助けてくれたことを同じように友だちにも行ったりすることにつながります。周囲の身近な人への関心を高めてその関わりを楽しめるように援助していきましょう。

このようにして適切な経験を積むことで子どもは規範意識に気づき、自我や社会性が芽生え、それが生きる力につながっていくのです。

> **子どもの様子 8**
>
> まだ思ったことを言葉で伝えることがうまくできないNちゃんは、欲しい玩具を友だちが持っていると、力ずくで引っ張ってでも自分のものにしようとします。
>
> 保育者は根気よく「おもちゃが欲しい時は『貸してね』って言って、『いいよ』って言ってもらったら貸してもらえるんだよ」と知らせていますが、Nちゃんは納得せず、泣いて不満を訴えます。
>
> 「どうやって話せば伝わるのかな？」と悩んでいたある日、玩具を取り合って泣いていたお友だちに、「『かして』よ、『かして』よ」とNちゃんは一生懸命おしえていました。自分のときにはまだ「貸してね」が言えなくても、少しずつ「きまり」は伝わっているんだとうれしくなったエピソードでした。

(3) 身近な環境との関わりに関する領域「環境」

身体的な発達とともに行動範囲が大きく広がっていく時期の子どもにとっては、自分を取り巻く全ての人や物が好奇心の対象です（**表 4-1**）。少しずつ自分の思い通りに動くようになる体を一生懸命に使って、興味をもったものに自ら近づき、手に取って眺めたり振り回したり、ときには口に入れたりして、心ゆくまで探索し自分の世界を広げていきます。また、子どもが世界を広げていく上で重要なのが、身近にいる保育者の受容的・共感的な態度です。生まれて初めての経験を、すぐそばで見守り、共有する保育者がいてこそ、子どもは安心して探索をすることができます。

また、この時期の子どもは、自分の物と相手の物、日頃から慣れ親しんだものと初めて触れるものを徐々に区別できるようになります。

子どもが安心して探索活動を行うことができるよう、しっかりと信頼関係を築いている保育者がその場にいることや、親しみのある玩具を準備することが大切です。

アリさん発見！

表4-1 子どもの好奇心の対象になる物（例）

保育室内	子どもがいつも触れる絵本や玩具だけでなく、自分やほかの子どもの物が置いてある棚、使っていない机、椅子、先生のエプロン、洋服のポケットなど
園庭	砂、遊具、葉っぱ、石、虫、年長の子どもが作っている泥団子など
園外	散歩に出て目にした車や人、信号、看板など

❶ ねらい及び内容

　領域「環境」の保育の目標は「生命、自然及び社会の事象についての興味や関心を育て、それらに対する豊かな心情や思考力の芽生えを培うこと」です。

　「保育所保育指針」では、「周囲の様々な環境に好奇心や探究心をもって関わり、それらを生活に取り入れていこうとする力を養う」ことを目標に、3つのねらいと6つの内容が示されています。

【ねらい】
① 身近な環境に親しみ、触れ合う中で、様々なものに興味や関心をもつ。
② 様々なものに関わる中で、発見を楽しんだり、考えたりしようとする。
③ 見る、聞く、触るなどの経験を通して、感覚の働きを豊かにする。

【内 容】
① 安全で活動しやすい環境での探索活動等を通して、見る、聞く、触れる、嗅ぐ、味わうなどの感覚の働きを豊かにする。
② 玩具、絵本、遊具などに興味をもち、それらを使った遊びを楽しむ。
③ 身の回りの物に触れる中で、形、色、大きさ、量などの物の性質や仕組みに気付く。
④ 自分の物と人の物の区別や、場所的感覚など、環境を捉える感覚が育つ。
⑤ 身近な生き物に気付き、親しみをもつ。
⑥ 近隣の生活や季節の行事などに興味や関心をもつ。

（資料：厚生労働省「保育所保育指針（平成30年3月）」より）

---

❷ 保育者の関わり（内容の取扱い）

　子どもの探索活動は、見る、聞く、触れる、嗅ぐ、味わうなど五感をフルに活用します。大人にとっては当たり前であることや、やめてほしいことに対しても、子どもにとっては大きな発見であり、感情を動かす体験です。保育者は、子どもの視点に立ち、保育の準備をします。そして、安全に配慮しながら、子どもが安心して遊びこむことができるように、関わります。

(A) 五感の体験が充実し、発達が促されるように工夫する

遊びこんでいる時の子どもは真剣です。例えば玩具で遊んでいる時、キラキラした目であらゆる角度から玩具を眺め、時には舐め、横に並べたり、積み重ねたり、音を楽しんだりしています。保育者が良かれと思って、「こっちのおもちゃはどう？」と違う玩具を差し出すと、子どもはそれを受け取りますが、その行為は、それまでの探究活動の妨害です。

保育者は、子どもの興味・関心をしっかりと観察し、子どもが遊びに集中している時には側でそっと見守り、**社会的参照***1 など子どもが求めている時に、しっかりと応じることが大切です。また、**共同注意***1 を活用し、保育者も一緒に興味を示していく事で、子どもが興味をもったものに関して、名称を伝えたり、発見を促したりと子どもの世界が豊かに広がる援助をしていきます。

手指の細かい動きが可能になってくるため、ホックやボタンのつけ外しや紐を引っ張る玩具を用意したり、壁面に設置したり、子どもの興味を引き出す環境構成も重要です。ほかの子どもとの関わりも少しずつ広がり、見立て遊びやごっこ遊びなど遊びも複雑になっていきます。大きいハンカチを腰に巻いてスカートにしたり、肩からかけてマントにしたり、積み木を車に見立てて保育室全体を走り回ったり、見立て遊びに欠かせない玩具を取り揃えます。子ども同士でおそろいのマントをつけて探検にでかける最中に、保育者も冒険に誘われることもあります。その際は、子どもの世界に飛び込んで、保育者も一緒に楽しみましょう。

(B) 戸外活動・生き物と関わり親しみをもてるように促す

園庭や近くの公園など、屋外での活動も、子どもにとって大切な活動です。風や温度、植物など四季を直接感じることができ、さらに、室内にはない砂や植物があり、生き物がたくさんいます。子どもの目線は大人よりも低いので、大人が気づかない虫や植物によく気がつきます。「あっ」と声を上げたり、指差ししたりした子どもの気づきに足を止め、一緒に眺めたり、「お花だね」など物の名称を伝えたり、気づきを共有するための時間的余裕をもって戸外活動を設定します。

自然環境と関わる中でうまれる子どもたちの「なぜ？」に全て正確に応えるのが保育者の役割ではありません。あたり前のことに注目すること、昨日と今日の違いを発見すること、「なぜ？」の気持ちを共有すること。子どもと一緒に五感や感情を動かすことが重要です。

屋外から室内に戻ってくるときには、服についた汚れを落としたり、手

紐通しに挑戦中

*1 社会的参照・共同注意
　p.39 参照

を洗ったり、清潔に関することも習慣化していきましょう。

（C）地域との関わり、文化に触れる経験をもてるようにする

保育所を取り巻く社会的な環境に目を向けることも大切です。地域の行事に参加するなど、子どもが自分の住んでいる地域の文化に触れる機会をつくるとともに、地域の方にも、保育所のことを知ってもらう機会をつくりましょう。

また、日々の保育の中でわらべうたや昔話に触れることも、子どもが文化に触れる大切な機会です。行事に関する歌や絵本、製作や行事食など、保育者は由来などを調べ、子どもに提供できるように準備しましょう。例えば、こどもの日は、国民の祝日に関する法律によると、「こどもの人格を重んじ、こどもの幸福をはかるとともに、母に感謝する。」と定められています。このように難しく教えなくとも、「みんなが幸せに、大きくなりますようにのお祝いの日だよ」と伝わる言葉に変換して、子どもが親しみやすいよう工夫しましょう。

> **子どもの様子 9**
>
> 1歳児クラスでの水遊び。子どもたちが安全に水の感触を存分に味わうことができるように、水の温度を調整したり消毒したり、プールや水遊び用の玩具に破損などがないか点検するなどの準備をします。水遊びに参加する保育者のほかに、水に入らず見守る保育者も配置するなど、安全に配慮します。1歳8か月のAちゃんは、初めて水遊びをします。プールが怖いのか保育者から離れようとしないAちゃん。保育者は無理やりプールに入れることはせず、Aちゃんの前でプールに手をつけて、「冷たいな」、「気持ちいい」と笑顔で伝えます。その保育者の様子からプールに興味をひかれたAちゃんは、自分から手を伸ばします。保育者はAちゃんが水に触れるのを援助し、Aちゃんの手が水に触れると、「つめたっ」、「気持ちいいね」と声をかけながら見守ります。やがて大胆に触れるようになったAちゃんは保育者と一緒にプールに入り、水面をたたいたり、プールの玩具で遊んだり、水遊びを楽しむことができました。
>
>

（4）言葉の獲得に関する領域「言葉」

　人が言葉を獲得していくには、まずは身近な特定の大人との間に確かな信頼関係が築かれていることが欠かせません。身近な特定の大人に十分に自身の欲求や要求を認められ、受け止められる経験を重ねることでこそ、さらに自分の思いや考えを言葉で表現しようという意欲や態度が養われ、他者の言葉を聞き、理解しようとする意欲や態度が育っていきます。また、身近な特定の大人による言葉かけや子ども同士の言葉を介した関わり、絵本の読み聞かせなどの遊びを通し、言葉に対する感覚や言葉で表現する力を養っていきます。

　「領域「言葉」の保育の目標は「生活の中で、言葉への興味や関心を育て、話したり、聞いたり、相手の話を理解しようとするなど、言葉の豊かさを養うこと」です。

❶ ねらい及び内容

　保育者との信頼関係のもと、子どもは園生活の中で必要な言葉に気づき、聞き分け、やがては自ら発するようになります。例えば保育者は、子どもが挨拶を交わすことの心地よさを感じることができるよう、率先して明るく挨拶する姿を示したり、子どもが散歩に行くときは帽子を被り、靴を履くのだということを理解し、見通しをもって自らその準備に取り掛かることができるよう、日頃から「お散歩行こうね」、「帽子はどこかな」、「お靴履こうね」などと1つひとつ行動と言葉を結びつけ声かけします。

　こういった日々の積み重ねによって、子どもは保育者の「バイバイ、また明日ね」との降園時の挨拶にたどたどしくも「バイバイ」と手を振りながら応じるようになったり、散歩の前の「お散歩行こうね」という保育者の声かけを聞いて帽子を自分のロッカーから取り出し、靴箱へ向かったりするようになります。

　「保育所保育指針」では、「経験したことや考えたことなどを自分なりの言葉で表現し、相手の話す言葉を聞こうとする意欲や態度を育て、言葉に対する感覚や言葉で表現する力を養う」ことを目標に、3つのねらいと7つの内容が示されています。

【ねらい】
① 言葉遊びや言葉で表現する楽しさを感じる。
② 人の言葉や話などを聞き、自分でも思ったことを伝えようとする。
③ 絵本や物語等に親しむとともに、言葉のやり取りを通じて身近な人と気持ちを通わせる。

【内容】
① 保育士等の応答的な関わりや話しかけにより、自ら言葉を使おうとする。
② 生活に必要な簡単な言葉に気付き、聞き分ける。
③ 親しみをもって日常の挨拶に応じる。
④ 絵本や紙芝居を楽しみ、簡単な言葉を繰り返したり、模倣をしたりして遊ぶ。
⑤ 保育士等とごっこ遊びをする中で、言葉のやり取りを楽しむ。
⑥ 保育士等を仲立ちとして、生活や遊びの中で友達との言葉のやり取りを楽しむ。
⑦ 保育士等や友達の言葉や話に興味や関心をもって、聞いたり、話したりする。

(資料：厚生労働省「保育所保育指針（平成30年3月）」より)

❷ 保育者の関わり（内容の取扱い）

　アタッチメント（愛着）と基本的信頼感が言葉を獲得していく上での素地となります（**図4-4**）。特定の保育者との関わりの中で「この人は自分の思いを分かってくれる」と繰り返し感じられてこそ、「特定の保育者以外の他者も自分の思いを分かってくれる」と信じられるようになり、「伝えたい」、「分かってもらいたい」と意欲を抱くようになるからです。保育者は、子どもが言葉や動作を模倣しやすいようにゆっくりと大きく表現するようにし、子どもが発した言葉に丁寧に対応していきましょう。「ごっこ遊び」など、簡単な言葉や動作のやりとりのできる遊びを、十分に取り入れていきましょう。

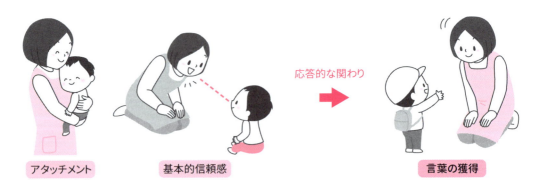

図4-4　言葉の獲得

(A) 言葉によるやり取りを楽しめるようにする

　子どもは、言葉で思いを伝えることができませんが、すでに表情や動作、言葉にならない声でその思いを伝えています。保育者は子どもの発するシグナルを微笑みながら受け止め、ゆっくりと言葉にして語りかけていきましょう。まるでそれに応えるように反応を返してくれるようになります。その繰り返しの中で子どもはものや動作と言葉をつなぎ合わせて覚え、そして覚えた言葉を発して思いを伝えようとするようになっていきます。

　子どもが言葉で自分の感情などを表現するために、穏やかな雰囲気の中で安心してやり取りができるよう、保育者は急かしたり、さえぎったり、いいかげんに受け流したりはせず、ゆったりと子どもの言葉に耳を傾けます。頷いたり、「うんうん」、「そうなの」などとあいづちを打ったり、「○○なんだね」と子どもの言葉を復唱したりして受容的・共感的に応じます。

　この頃の子どもの言葉は、発音が不明瞭だったり、犬も猫もゾウもすべて「ワンワン」と表現したりしますが、それに対し「ゾーじゃないでしょ、ゾウでしょ」、「あれはワンワンじゃないの、ゾウよ」と否定したり、訂正したりすることはしません。言葉によるやり取りの楽しさを十分に味わえることを大切にします。

　自我の芽生える時期でもあるため、子どもが「やりたくない」、「いやだ」という気持ちを訴えることもしばしばあります。そんなときも子どもの思いを否定したり、一方的に指示したりはせず、子どもの思いをありのままに受け止めましょう。

(B) それぞれの子どもの発達の状況に応じて関わりや遊びを工夫する

　この時期の子どもは急速に言葉を獲得していきますが、その発達の歩みの速度や道筋は様々です。例えば絵本の中に登場する犬を見て子どもが発する「ワンワン」という一語文の意味するところは「犬がいる」かもしれませんし、「犬をなでたい」かもしれません。

　保育者は子どもの発達の状況に応じて、その子どもの思いを汲み取り、「ワンワンいるね」、「ワンワン、毛がふわふわだね、なでなでしたいね」などと代わりに言葉にしたり、「ワンワン、しっぽを振ってるね」、「ワンワン、楽しそうにお散歩してるね」など、別の言葉を足して多様な語彙に触れる機会をつくったりします。また、模倣遊びへと発展するよう「ワンワンになってお部屋の中をお散歩しよう」などと声かけをしたりもします。

(C) 子ども同士の関わりの仲立ちを行うようにする

　こういった園での生活や遊びの中で、子どもは保育者やほかの子どもとの関わりを積み重ね、少しずつ話したり聞いたりといった言葉の力を身につけていきます。保育者は、子どもが相手の話に興味・関心をもって聞いたり、自分の思いを自分なりの言葉で話したりすることの楽しさが感じられるよう、そして何より、言葉のやり取りを通じて身近な人と気持ちを通わせることの喜びを十分に味わえるよう、子ども1人ひとりと丁寧に関わるとともに、子ども同士の関わりにおいて仲立ちとして互いの気持ちを汲み取り代弁したり、遊びを発展させる働きかけをしたりします。

子どもの様子 10

　Aちゃん（2歳）に保育者が絵本を読んでいると、Bちゃん（2歳）がそれに興味を示し、保育者の肩に手をのせて後ろからのぞきこんできました。保育者はBちゃんに「BちゃんもAちゃんと一緒に絵本見たいのね」と声をかけ、Aちゃんに「Bちゃんと一緒に見ようか」と誘ってみると、Aちゃんはうなずき、BちゃんがAちゃんの隣に座ると2人は目と目を合わせて笑い合っていました。

(5) 感性と表現に関する領域「表現」

　子どもは自分の感じたことや思ったこと、嬉しいことや楽しいことがあると、思うままに表現してその心地よさを味わおうとします。その表現手段は自由で、自分なりの方法で表現して楽しみます。

　領域「表現」の保育の目標は「感じたことや考えたことを自分なりに表現することを通して，豊かな感性や表現する力を養い，創造性を豊かにすること」です。

❷ ねらい及び内容

　子どもの表現する力が豊かになるためには、感性が豊かになることが必要です。美しいものを見て美しいと感じたり、かわいいものを見てかわいいと感じたりする感覚が育つ必要があります。「美しい」とか「かわいい」と感じるということは、心が動くということです。子どもたちが環境と関わることにより心を動かす体験をすることで、自分の身の回りでそのような体験をもたらす事柄が存在することを知り、周囲の環境への感覚が鋭敏になります。

　そして心を動かす体験を積み重ねることで感性が豊かになっていくのです。また心を動かされるからこそ、子どもたちはその体験を表現したいと思うようになります。感性を豊かにするということは、表現意欲を高めることと結びついているのです。

　「保育所保育指針」では、「感じたことや考えたことを自分なりに表現することを通して、豊かな感性や表現する力を養い、創造性を豊かにする。」ことを目標に、3つのねらいと6つの内容が示されています。

【ねらい】
① 身体の諸感覚の経験を豊かにし、様々な感覚を味わう。
② 感じたことや考えたことなどを自分なりに表現しようとする。
③ 生活や遊びの様々な体験を通して、イメージや感性が豊かになる。

【内容】
① 水、砂、土、紙、粘土など様々な素材に触れて楽しむ。
② 音楽、リズムやそれに合わせた体の動きを楽しむ。
③ 生活の中で様々な音、形、色、手触り、動き、味、香りなどに気付いたり、感じたりして楽しむ。
④ 歌を歌ったり、簡単な手遊びや全身を使う遊びを楽しんだりする。
⑤ 保育士等からの話や、生活や遊びの中での出来事を通して、イメージを豊かにする。
⑥ 生活や遊びの中で、興味のあることや経験したことなどを自分なりに表現する。

（資料：厚生労働省「保育所保育指針（平成30年3月）」より）

(A) 素材に触れて楽しむ

　普段の生活では、自然環境の美しさ（色・形・手触り）を感じ取り、音楽的な表現につないでいったり、遊びの中で自然環境から受けたり感じたりしたことを表現に広げていくことが求められています。子どもたちと一緒に散歩に出かけたときなどに、素材となるようなものを拾ってくるなどの経験も大切になります。持ち帰ったものを使って、自分たちで楽器をつくって遊びます。石と石をたたいて出た音も、子どもにとっては大切な体験であり、石も貴重な表現手段になりえます。このように日常生活の中で、

遊びながら表現に親しむという経験を、できるだけ多く取り入れ、日々の保育を工夫する必要があります。

(B) リズムに合わせた体の動きを楽しむ

　子どもを取り巻く環境は様々な音があふれています。たとえば屋外を歩いてみましょう。鳥のさえずり、虫の声、水のせせらぎ、木々のざわめき、風のささやき、乗り物の音、道を行き交う人々の声、信号機の音…。

　屋外を歩くだけで様々な音や形、色とりどりの色彩や香りに出会うことができます。その音を真似ることや、ハミングすること、リズムを刻むことから表現は始まっているといえます。

　子どもたちが、「楽しむ」という感覚を味わえるような活動を心がけましょう。

　子どもは思ったり、感じたりしたことを即座に行動・仕草・表情などに表しながら生活しています。したがって、その表現の方法は様々であり、完成されたものではありません。子どもが遊びを通して発見した音で遊ぶことにより、具体的な音の体験をすることで、自分の音を獲得する経験につながります。このような音の獲得が音のイメージの素材の蓄えをつくってくれるのです。自分の好きな音、嫌いな音、快・不快な音を認識する感性も遊びの中から育まれます。

　乳幼児期は音に対する感受性が豊かで柔軟な時期です。子どもに聴かせていく音や音楽を保育者はしっかりと選択し、よい音楽環境を提供していく必要があるといえます。乳幼児期の、その時々の発達に見合った音楽を聴かせていくことが、最も望ましいといえるでしょう。

　また保育者は、いろいろな音遊びを通して、環境の中にあふれている様々な音に意識を向けさせることによって、音の快・不快、音の性質（ピッチ・リズム・強弱・音色）を識別する能力の育成を目指すことも大切です。ただ「良いもの」を用意することや、ただ「聴かせる」というだけでなく、音楽を取り巻く周りの雰囲気や環境、音に主体的に関わり「表現を楽しむ」経験を重ねていくことが大切といえるでしょう。

身の回りにあるものを叩くことから音探しはすでに始まっています。お茶碗やコップなどを叩きながら、音の高さの違いに気づき、音程を探すことに没頭している子どもの姿は真剣そのものです。

やってみよう
音楽表現

❷ 保育者の関わり（内容の取扱い）

(A) 様々な表現の仕方や感性を豊かにする経験となるようにする

　子どもの表現は、遊びや生活の様々な場面で表出されています。子ども
が試行錯誤しながら表現を楽しむ姿を、保育者は温かく見守りながら、自
分の力でやり遂げ、充実できるような援助が必要になります。また、ほか
の子どもの表現に触れられるように配慮したり、表現する過程を大切にし
て自己表現を楽しめるようにしたりする工夫が必要です。これは、子ども
が1人で楽しむだけではなく、ほかの子どもとの触れ合いや、他者との
関わりの中で生きていることを感じ、他者の表現や考え方を尊重すること
にもつながります。ほかの子どもの表現に触れることで、自分も表してみ
たいと思うようにもなるでしょう。保育者はほかの子どものいろいろな
表現に触れる機会を意図的に設け、子どもが自分なりの表現に自信をもっ
て表せるようにしていきましょう。またお互いの表現に触れるだけでなく、
それに対してしっかりと耳を傾けたり、共感したりするように促します。
また必要であれば、保育者が解説をしてあげることも意味があります。保
育者が子どもの思いを受け止めながら共感し、励ましながら、子どもの発
想がより広がっていくように導く必要があります。

(B) 表現する過程を大切にし、温かく見守りながら適切な援助を行う

　保育者は表現した結果ではなく、子どもの表したいという気持ちを大切
にし、その表現していく活動の過程を見守り、試行錯誤しつつ自分で表現
する力を養うことができるような工夫が必要です。表現の過程を子ども自
身が楽しみ、充実した気持ちを覚え、表現を広げたり深めたりしたくなる
ように、保育者は表現している途中への支援を心がけましょう。

　また環境構成もとても大切です。いつでも身近にあるものを用い、遊び
を通して興味を引き出せるような工夫が必要です。

(C) 子どもが表現に自信をもち、充実感を感じるよう支える

　子どもは1人で表現することを楽しむこともできますが、何人かで一
緒に表現をすることで、周りの人とつながりをもつことの喜びを感じます。
例えばわらべうたは、1人で遊ぶというより、子ども同士や他者と一緒に
行うことで、きまりに気づいていきます。遊びの中で1人ひとりが主人
公になる機会が与えられ、喜びを感じることができます。保育者は、子ど
ものびのびと自信をもって表現できる環境を整え、その自分なりの表現
を受けとめながら、子どもが充実感を感じられるよう工夫しましょう。

すごい！高く積めたね

このように表現を支えているのは、一緒に楽しさを感じあうことのできる人間関係です。その時に共有する友だちがいて、そしてその表現を受け止めてくれる大人がいることが大切です。

(D) 五感を刺激する体験を取り入れ、環境づくりを行う

子どもは保育者の歌うわらべうたやお話を聞くことで、イメージを膨らませることができます。保育者は、常に子どもの動きに気を配り、環境づくりをすることが必要になってきます。散歩に出かけたり、美しいものに触れたりすること、絵本や絵画など視覚的なものや、様々な音に触れる経験をつくり、聴覚に働きかけるなど、五感を刺激する体験を多く取り入れていくことが求められているといえます。その中で、子どもが様々な出来事を楽しんでいるときに、子どもの感性は育まれるのです。

歌うことや、楽器演奏を楽しむことが子どもたちにとって貴重な体験です。子どもが思い思いに自分らしい表現をすることは、表現すること自体の楽しさを味わうことになりますし、充実感を覚えることになります。

子どもの様子 11

音階がたくさん出てくる絵本をリズムよく読んでみると、Yちゃん（2歳8か月）はその場面ごとの音階をおぼえて「どみそ♪」、「そみど♪」、「みふぁみふぁそらそら♪」と楽しそうに保育者を真似て声を出します。ほかの子どもたちも一緒に歌いながら、自分の周りにある楽器を使って「音探し」する遊びを始めました。

column

わらべうた

　子どもは生後2〜3か月頃からみられるクーイングやバブリングと呼ばれる音声表現から、生後4〜6か月頃にみられる喃語を話し始めますが、その喃語に抑揚のついた美しい声を出すことがあります。この抑揚のついた声から、子どもの歌い始めは始まっているといえます。まだ音程などがついているわけではありませんが、ここから歌うことへの表現は始まっているのです。また1歳頃から「歌」と分かるものを歌い始め、2歳頃には曲の一部が歌えるようになってきますが、まだ狭い音域で音程が不安定な状態です。このような子どもの狭い音域の中で、自然な発声で歌えるものとして「わらべうた」があります。わらべうたの特徴は幼児の遊びの中から自然に口から出たことばや節に抑揚がついて、メロディーになったものです。そのため二音でできたものや、三音、四音、五音でできたものがあり、狭い音域で歌えるため、子どもも自然に発声できます。

　わらべうたは日本語と深く関わっているため、日本語のもつリズム・音程・イントネーション・アクセントがそのまま歌の中に含まれています。そのため、子どもにも覚えやすく、すぐに大人と一緒に楽しむことができます。

　1人で遊ぶというより、子ども同士や大人と一緒に行うため、きまりに気づいたり、スキンシップも楽しめます。わらべうたは乳幼児期に積極的に取り入れたいものです。

子どもの様子

column

領域「表現」を学ぶ皆さんへ

　領域「表現」では、上手に表現することや表現技術を習熟させることを目指しているわけではありません。技術の前提となる、表現意欲や積極的に楽しむ態度、繊細に物事を感じ取ることのできる感性を養うことを目的としているのです。そのため子どもが表現しようとするときは、子どもの行動に制限を設けずに、自由に気持ちよく表現を楽しめる環境や雰囲気づくりを大切にしていきましょう。子どもに音楽や表現を伝えるときに優れた技術は必要ありません。表現することを味わい楽しむ気持ちがあれば十分にそれを伝えることができるでしょう。保育者が心から楽しんでいれば、子どももその気持ちを受け取ることができます。音楽やそのほかの表現に触れる機会を積極的にもち、音楽を多く聴き、表現を観る機会に接して表現を心から楽しんでください。

　保育者を目指す方は、聴覚・視覚・触覚・嗅覚・味覚である五感のアンテナを常に張り巡らせ、様々なものに興味を持ち続けてほしいと思います。自分自身の感性を磨くことが、次世代を担う未来ある子どもたちを育む力となるでしょう。

第1部
乳児保育Ⅰ 理論編

第5章　乳児保育における連携・協働

　乳幼児期の子どもの健やかな発達を後押ししていくためには、保育所にいる全職員が情報を共有しながら子どもに関わることが必要です。また、保育所だけにとどまらず、子どもに関わる様々な人との共通理解と連携が不可欠です。
　保護者と保育者はもちろん、保育者同士、また医療や行政などの関係機関や地域社会など、信頼関係を大切にしながら、子どもを中心とした子育てのネットワークをつくっていくことの必要性について学びましょう。

　乳幼児期は疾病に対する抵抗力が弱く、容態が急変しやすいことを十分認識し、職員間で連携を図りながら、適切かつ迅速に対応することが必要である。
　保育所保育に当たっては、家庭や地域社会を含めた子どもの生活全体を視野に入れながら、子どもの抱いている興味や関心、置かれている状況などに即して、必要な経験とそれにふさわしい環境の構成を考えることが求められる。
　そのためには、保育士等自身が地域における一人の生活者としての視点や感覚をもちながら毎日の生活を営む中で、家庭や地域社会と日常的に十分な連携をとり、一人一人の子どもの生活全体について互いに理解を深めることが不可欠となる。

(厚生労働省「保育所保育指針解説」、2018(平30)年より抜粋)

1 職員間の連携

どの職場もそこで働く職員間の連携は、運営のためには欠かせない事です。また、子どもが過ごす保育園や乳児院などは地域の中にあります。近年は、地震や大雨などの災害も目立つようになり地域との連携も健康・安全・安心を守るために必要です。

ここでは、保育施設の中での連携と、災害時の連携について学習します。

1 保育中の連携

（1）保育者間の連携

3歳未満児の保育では、複数担任制がとられる場合が多く、子どもたちを同じ空間の中で分担して保育するため保育者間の連携は欠かせません。1人ひとりの保育者は、子どもを大切に思う気持ちは同じですが、保育観の違いで子どもに対する関わり方に違いが出てくる場合があります。例えば、同じ遊び場面で少し危険でも経験させたいと考え見守る場合と、けがをさせないようその遊びはさせないなど、価値観によって関わり方が違う場合があります。保育観による関わり方の違いで子どもが混乱することは避けなければいけません。気になっていることがあれば、なぜそうするのか理由を聞くことは同じ方向性をもって保育する上では大切です。その上で子どもに対してどう関わるのか、対話を重ねることが保育の質向上につながっていきます。

そして特に子どもと保育者との間にアタッチメントが形成されることが大切にされているため、関わる保育者を固定化するという担当制が導入されている園も多くあります[1]。睡眠や食事など、いつも同じ保育者が関わることで、子どもが安心して園での生活を送ることができるように保育を行います[2]。

また、役割の担当制という形態もあります。役割の担当制は主担当と副担当というように役割を決め、主担当が中心となって保育を行う時に、副担当が困っている子どもをサポートしたり、活動の準備や片づけをしたりして、スムーズに保育が行えるようにします。

複数の保育者で関わる3歳未満児の保育は、保育者間の価値観の違いなど難しい点もありますが、複数の保育者が連携して子どもと関わることで、子どもの何気ないしぐさに気づくことができたり、事故や病気、けがの兆候に気づき、未然に防ぐことができたりといったメリットがあ

---

[1] クラス担任
1人でクラス担任を行う1人担任制、何人かの職員で1クラスを受けもつ複数担任制があります。乳児保育では、配置基準に基づき保育士が配置されるため、複数担任制を取ることが多くなります。

[2] 担当制といっても担当の子ども以外は関わらないということではありません。例えば、2人同時に泣き出し、1人はおむつが汚れて気持ち悪くて泣いているけれども、もう1人は欲しいおもちゃに手が届かなくて泣いているなど理由が違う場合は、1人の保育者が同時に対応することは難しいです。その場合は、担当する子どもでなくとも、「おむつが濡れているみたいだから、換えてきますね。」など声をかけあって対応します。そのため、ゆるやかな担当制ということもあります。

ります（**表5-1**）。

表5-1 日々の業務（保育）の中での引継ぎ事項

◆3歳未満児についての引き継ぎは、より細かく、丁寧に行うことを心がける
◆メモをとるなどして引き継ぎの内容に漏れがないように留意する

時差勤務による朝夕の引き継ぎ事項
●子どもの登園時に保護者から受けた、子どもの体調等に関する情報（朝ご飯を食べていない、昨夜から鼻水が出ている等）を担当者に伝える ●子どもの降園時に担当者から預かった情報（咳は出ていたが機嫌よく一日を過ごした、名前を呼ぶと笑顔で振り返るようになった等）を保護者に伝える
電話や園独自の連絡システム（ラインやメール）等で受けた内容の引き継ぎ事項
●メモを取ることを心掛け、連絡を受けたらできるだけ時間を置かずに担当者に内容を伝える
体調不良やけが、紙おむつの補充など保護者に了承や協力を求めることに関する引き継ぎ事項
※これについてはできるだけ担当者が直接保護者に伝えるようにする。やむを得ず引き継ぎを依頼するときは、担当者より詳細を聞いておき、漏れなく伝える。 　翌日には必ず担当者より改めて説明をしてもらう。

（2）担当保育者が変わる場合の連携

　乳幼児期は特定の大人との応答的な関わりを通じて、情緒的な絆が形成されるといった特徴がある時期です。ですので、担当保育者との関係は、子どもにとっても保護者にとっても大きく影響するものです。

　特別な理由でそれまで担当した保育者が替わる場合は、新たに子どもとの情緒的な関係を形成する事になるため、十分な配慮が必要になります。担当保育者と新しく担当になる保育者と過ごす時間を取り入れるなど工夫を行い、発達の状況や生活の様子など配慮する事をこまめに共有し、引き継いだあとも、子どもが安心して生活できる環境を整えます。

　年度が替わる時は、一度に保育者が入れ替わることをできるだけ避けます。次のクラスの環境に慣れるために、年間を通してほかの年齢の子どもたちがいる保育室まで遊びに行ってみたり、進級クラスで食事を経験したりするなど、自分たちの保育室以外での生活を楽しむ時間を計画するなど職員間で協力して対応します。

　担当保育者が、異動や退職に伴い交替する場合は、保育情報が完全に引き継がれ、切れ目のない保育が継続されるように情報をつなげましょう（**表5-2**）。

表5-2 保育者間の主な引き継ぎ事項

進級時に担当者が変わるときの引き継ぎ事項
● 個々の子どものこれまでの生活や遊びの中での成長の姿 ● 個々の子どもの興味・関心のポイント ● 食べ物や遊びなど、好きなもの（得意なこと）、嫌いなもの（苦手なこと） ● いつも一緒にいる友だちなどの関係性 ● 子どもや、その保護者への関わり方のポイント
異動や退職に伴って担当者が変わるときの引き継ぎ事項
● 子どもについての引き継ぎのほかに、担当していた業務内容の引き継ぎ ● 園行事等についての申し送り

2 多職種との連携

1 嘱託医

入園時や入園後の子どもで"気になる"子ども、定期健康診断では子どもの健康状態を評価してもらいます。健診結果は、看護師、保育者と連携をはかり、保護者に伝え、医療機関につなぐ必要がある場合は、その後の経過を保護者に確認し、嘱託医に報告するなど、連携をはかります。また、子どもの急な疾病や傷害などで、対応に迷った時など臨時で受診や相談を行うことができます。医療的ケア児、糖尿病など慢性疾患の子どもを受け入れる時は、保護者・主治医・嘱託医・看護師と連携をとります。

2 調理員

乳汁栄養から離乳食に移行する時期は、家庭での様子を踏まえ、その進み具合を確認しながら進めていきます。食物の硬さや形態など発達段階に応じた食事の提供だけでなく、1人ひとりの体調に合わせた調理形態を調整するなど担当保育者と連携をとっていきます。また、食物アレルギーのある子どもの対応については、保護者からの情報だけでなく、主治医・嘱託医と連携をはかり適切に対応します。誤食は命の危険につながる場合もあるため、調理員・保育者・看護師など勤務する職員間で確認を密に行います。

3 看護師

配置されている場合は、（月齢の低いクラスで）保育援助を行いつつ、保健担当として子どもたちの健康管理を行います。薬が処方されている場合は、保育者と連携し与薬を行います。また、入園する子どもの保護者には、保育者と連携し子どもの健康面で気をつけてほしい事を伝えたりします。保育中に疾病や傷害が発生した場合は、ほかの保育職員にも協力を求め、連携を図り手当てを行うと同時に保護者に連絡をします。判断に困る場合は、嘱託医等と相談しながら適切な対応を行います。

3 保護者との連携

保育所に通う子どもの基盤は家庭にあります。1日の生活の中での一部を保育所で過ごすため、保護者と保育所の連携は生活の連続性を考えるととても重要な事になります。送迎時の情報交換や連絡帳を活用し、切れ目のない保育・育児が継続されるようにしましょう。

入園して間もない頃は、子どもは保護者と離れる時に泣いたりする場合があります。子どもが保育所で安心して過ごすことができるように、登園までの様子を細やかに聞き取り、保護者が安心して預けることができるように関わります。お迎えの時は、保育所での様子を伝え、家に帰ってからも保護者が継続して子どもに関わる事ができるように1日の様子を口頭や連絡帳で伝えます。乳幼児期は、成長過程が著しい時期になります。保育中の子どもの様子や、うれしかったこと、感動したことを伝え、成長する姿を共に喜び共有します。挨拶や笑顔も大切ですが、自分の子どものことを理解して保育されることや、子どもの生活を中心とした細やかな様子を伝えあうことの繰り返しの中で、少しずつ保護者との信頼関係が築かれていきます。

1歳半～2歳頃になると、自我が芽生え、かみつきやひっかき傷など子どもがけがをする場合があります。クラス懇親会などで、発達過程の1つとして起こり、いじめではないことを事前に説明しておきます。保育中にかみつきやひっかきが起きてしまった時は、傷の手当てを行い、誠意をもって保護者に説明します[1]。そうすることで、保護者からの不信感は少なくなります。

*1 原則として、かみついた子どもの名前は、かまれた子どもの保護者に伝えません。しかし、それぞれの保護者に何を伝えるか事前に職員間で決めておきましょう。

3 ● 保護者との連携

1 連絡帳

連絡帳には、起床後の体温、今日の機嫌、睡眠時間、水遊びの参加・不参加、食事の時間と内容、ミルクの時間と量の情報など、保護者からの自由なコメントを記入してもらい、保育者との情報共有に使用しています（いまは専用のアプリなどを活用する場合もあります）。

書いた後は、漢字の間違いはないか、内容は伝わるのかどうか、読み直すことも大事です。この言葉使いは正しいか、失礼ではないかの確認もしましょう。

また、保護者からの悩みや質問は、連絡帳ではなく口頭で応えましょう。保護者がどのようなことに困っているのか、どの程度の悩みなのか、様子や表情は文章では分かりません。同様に、保育者が伝えたい内容も文章ではうまく伝わらない場合もあります。伝えたい言葉の意味を取り間違ってしまうと、保護者の不信感につながります。重要なことほど文字ではなく、言葉で伝えるようにしましょう（図5-1）。

> **POINT**
> 保護者に子どもの様子が伝わるように、5W1Hを意識して書きましょう。子ども同士の会話や、その時どんな表情をしていたのかなど、つけ加えるとより伝わりやすいでしょう。
>
> - When ……いつ
> - Where ……どこで
> - Who ……誰が
> - What ……何を
> - Why ……なぜ
> - How ……どのように

6月 12日（水） 天気：くもり

＊家庭より＊		連絡事項
検温	36.4℃	保育園では、外遊びでダンゴムシを触ったりして遊んでいたのですね。ダンゴムシ、好きですよね。散歩に出かけると一緒に探しています。 今日は、ご飯を食べながら、「りんご ころころ　りんご ころころ」と歌っていました。はじめて聞いたのですが、園で歌っているのかな。とっても可愛いくてもう一回歌ってと何度もリクエストしちゃいました。 最近、野菜を食べてくれなく、どうにかして食べさせようといろいろ試していますが、なかなか…。連絡帳をみると「完食しました」と書かれているので、どうしてなのかな…と悩んでいます。
体調	良・⦿普通・悪	
排便	無・有（良・軟）	
睡眠	就寝　21：20 起床　 7：00	
お迎え	16 時　00 分頃　　（　　　母　　　）	

＊保育園より＊		食事（量・内容）	
検温	36.6℃	11：30　完食しました	15：00　完食しました
機嫌	⦿良・普通・悪	連絡事項	
体調	良・普通・悪	「りんご ころころ」の手遊びは、クラスの子どもたちが大好きな手遊びでよくしています。いろんな果物や野菜が出てくるので、思い出したのでしょうね！「お家でもやってくれて嬉しいです。 今日も、外でダンゴムシを探していました。いっぱいいる場所を見つけたようで、私の手を引き「こっちこっち」といって教えてくれました。その時に、他の友だちが、ダンゴムシを探しているのを見て、もっていたダンゴムシを「どうぞ」と友だちに渡す姿がありました。友だちは、嬉しそうにもらったダンゴムシをながめていました。自分だけではなく、友だちにあげようとするHくんの素敵な場面でしたよ。	
睡眠	就寝　12：50 起床　14：00		
排便	⦿無・有（良・軟）		
沐浴	⦿無・有		

図5-1　連絡帳の例

お迎えの時に、食事のことについては直接話をしました。

column

実際の保護者とのやりとりをみてみましょう

★連絡帳の例（0歳・女児）

	保護者コメント	保育者コメント
6月3日		ご入園おめでとうございます♪園と家庭とでしっかりと連携を取り合いながら丁寧に安全に〇〇ちゃんに関わっていきますので、これからどうぞ宜しくお願いいたします。何か心配なことなどありましたら、コメント欄に書いて頂けたらと思います。明日も待っています。
6月4日	今日は夜中1回起きたので授乳をしました！初めて1人での登園よろしくお願いします！	ベッドで足をグイーンと上げてみたり、窓の方をみたりして、〇〇ちゃん穏やかに過ごしています。途中抱っこで気持ちよさそうに少しだけ眠りました。少しずつ園に慣れていってくれると嬉しいですね。また明日、お待ちしています。
6月5日	昨日は久しぶりに夕方と夜のミルク140mL全部飲んでくれました！	登園してからはとってもご機嫌でニコニコな〇〇ちゃんでした。ベッドに寝ている〇〇ちゃんに音のなるおもちゃを近づけて見せると目で追いながら楽しそうにしていました。10時過ぎると眠たさから少し涙が出ましたがタオルケットに包まれてスーッと眠りにつきました♪明日も元気に来てくださいね、待っています。
6月6日	昨日は帰ってきてミルクを飲んですぐ寝てくれました。お風呂をあがると眠すぎたのか1人で寝ていました。	環境の変化で〇〇ちゃん疲れているんですね。園では周りのザワザワにまだ慣れていないせいかすぐに目が覚めてしまいます。帰宅後はゆっくり過ごしてください。〇〇ちゃんとお名前を呼ぶとにっこり笑い返してくれてとってもかわいいです。
6月7日	朝起きてミルク飲ませたんですが最初は飲んだんですが途中から舌で押して飲まなくなって30分くらいあげて80mLだけ飲みました。	ミルクは足りているのか飲み足りていないのか心配になりますよね。今日〇〇ちゃんが園で過ごした2時間は寝ていた時間が長かった事もありますが、ミルクを欲しがりなく様子はなかったように思います。ベビーベッドに寝ていて誰の姿も見えなくなった時に少し涙が出ましたが、私が顔を見せるとすぐに泣き止み笑顔になりました。しっかりと信頼関係が築いていけるよう関わっていきます。週末はゆっくり休んでまた来週元気に登園してくださいね。
6月11日	昨日は園から帰ってきてからも機嫌が悪く寝て起きての繰り返しでしたが4時から7時半までは外にいたので抱っこ紐でずっと寝ていました。	涙が出ている時に持ってきて頂いているタオルケットで包むようにして抱くとスッと泣き止みました。きっとお母さんの匂いがして安心するんでしょうね。歌を口ずさむと私から鼓動が伝わるからかグッと顔を埋めてじっと聞いています。〇〇ちゃんがにこにこの笑顔で過ごせるようにいろいろと試しています。おうちでの様子もまた教えてもらえたら嬉しいです。

	保護者コメント	保育者コメント
6月17日	昨日少し寝るのが遅かったのですがいつもより早く起きました。朝は8時過ぎくらいまで機嫌よく笑ってミルク飲みながらウトウトしていました。	抱っこして欲しい！おなかがすいた！と、○○ちゃんは泣くことでしっかりと気持ちを伝えてくれます。今日もおむつを替えた後「気持ち良くなったね」と声をかけるとにっこり笑っていました。たくさん話しかけるようにしています。○○ちゃんはしっかりと私の表情や口元を見ています♪
6月19日	昨日は帰って2時半まで機嫌よく起きていてミルクを飲んで6時半までぐっすり寝ました。朝は7時前に起きて7時半にミルクを160mL飲みました。	起きている時は自分の手をじっと見たり口に持っていったりと、この月齢での反応をしっかりと見せてくれます。涙が出ていてもおもちゃの鳴る音が聞こえると泣き止み耳をすませてきいています。今日は思うように睡眠がとれずお迎え前は抱っこで過ごしています。帰宅後はミルクを飲みゆっくり寝られたらいいですね。
6月21日	予防接種です	欠席
6月25日	昨日は家に帰ると4時半まで寝ていました！ミルクを飲んで機嫌よく7時半くらいまで起きててお腹がすいたのか少しグズリ始めたのでお風呂に入ってミルクを飲みました。	今日は眠れずにいた時にバウンサーに乗せてあげると、揺れが心地良かったのかにっこりしていました。○○ちゃんにとって心地良い場所や楽しくなるおもちゃなどを知っていきたいと思います。明日もたくさん笑顔が見られると嬉しいです♪明日から保育時間が長くなりますね。よろしくお願いします。
6月28日	今日は8時に起きて8時半くらいにミルクを飲みました。その後咳き込んだ時にミルクを30ml くらい戻してしまって行く前にしゃっくりが出てたのでミルクを少し飲ませました。	○○ちゃん今日は眠そうに目がうつろになるのですがなかなか上手く寝つけずにいました。抱っこするとウトウトしていたのでゆっくり抱っこで過ごしています。保育時間も少しずつ長くなり疲れが出てきているのでしょうか。週末はおうちでしっかり眠れるといいです。今日は園でしっかりとした量のうんちが出ています。
7月4日	夜寝る前咳が少しでていてミルクを咳と一緒に吐いちゃいました。今日も6時半に起きたのでミルクが6時半になりました。	○○ちゃん今日は午前中にしっかり睡眠が取れていたからか、日中はご機嫌良くバウンサーに揺られていました。月齢の高いお友だちが○○ちゃんの顔を覗きこむと、2人が目を合わせて笑い合っていてとっても可愛かったです。日中起きている時間や睡眠中、咳は出ていなかったのですが、ミルクを飲んでいる際に少し痰が絡んでいる感じがしました。
7月9日	熱があるのでお休みします。	欠席
7月10日	月曜日帰ってきて寝て起きると熱があり次の日の朝になるとさがっていました。1日様子見ましたが熱も上がらず元気そうでした！	○○ちゃんは園でも今日は熱は上がらず過ごせました。途中涙は出ますが、お気に入りのおもちゃを近くで鳴らすとゆっくりと泣き止み、じーっと耳を澄まして聞き笑顔になります♪睡眠とミルクの一日のリズムも少しずつ整っているように思います。バウンサーが心地良いようで今日もごきげんで揺られていました。
7月19日	昨日は家に帰るとすぐ寝て9時前まで寝ていました。起こしてお風呂に入れてミルクを飲みました。	○○ちゃん昨日は園ではあまりよく眠れなかったので。ちょっと疲れていたのでしょうか。おうちでしっかり眠れましたね。今日も少し咳が出ていましたが熱は上がらずに過ごせました。今日はリトミックに参加しました♪○○ちゃんは色とりどりのハンカチをじーっと見ていてとっても可愛かったです。

☆連絡帳の例（1歳・男児）

	保護者コメント	保育者コメント
4月1日		ご入園おめでとうございますどうぞ宜しくお願いします。
4月2日	今日からよろしくお願いします。とても泣き声が大きいので、ご迷惑おかけすることも多いかと思いますが、よろしくお願い致します。	慣れるまで心配な事が多いかと思いますが、きっと楽しく登園出来ると信じて日々過ごして行きます。今日もママと始めて離れて泣いていましたが、少し落ち着き遊べていました。明日はママと一緒に登園お願い致します。
4月4日	ママごとコーナーは、〇〇の好きそうなものがたくさんあり、嬉しそうでした。おもちゃがたくさんで、とても楽しかったと思います。とても穏やかな雰囲気で、先生方も優しい方ばかりでありがたいです。明日からまた大泣きすると思います…ご迷惑おかけしますが、どうぞよろしくお願いします。	慣れるまで泣く事が多く、ご心配をおかけするかと思いますが、きっとニコニコ笑顔で登園してくれるようになるのでそれまで一緒に頑張りましょうね♪お集まりの時の歌や手遊び、絵本は気に入ってくれているようで泣かずにじっと見てくれています。
4月5日	お集まりの時に泣かずに聞くことができたとのことで、安心しました。他の子がじっとしている中、ママごとコーナーに1人で行っていたことが気になりますが…（笑）疲れているのか、最近は昼寝を3時間以上しています。他の子の刺激を受けながら、楽しんで登園できると良いなぁと願っています。	泣く時間も少しずつ短くなってきています。土日、ゆっくり過ごしてまた振り出しに戻るかもしれませんがきっとニコニコ笑顔で登園出来るようになります。絵本は、好きみたいですね。じっと見てくれていました。
4月9日	今日から給食です。よろしくお願いします。なかなか噛まずに飲み込みますので、いろいろご心配おかけしますが、よろしくお願いします。	テラスにお散歩に行ってシャボン玉をしました。飛んで行くシャボン玉を不思議そうに見ている〇〇君でした。給食は、しっかりお口を開けてくれてモリモリ残さず食べました。
4月10日	昨日はシャボン玉をしたとのことで、初めてのことで息子も楽しかったと思います。今日もお友だちと楽しく過ごせるように願っています。	「さくらさくらんぼリズム」をしました。ピアノの音に合わせて身体を動かし、曲に合わせてどんな動きなのか決まっています。先生やお友だちが動いているのをじっと見つめていました。給食もよく食べてくれました。モグモグも頑張っています。
4月11日	昨日の夕方から39℃の発熱があり、今朝は下がっているのですが、まだ食欲もないので、お休みいたします。よろしくお願いします。	欠席
4月12日	一昨日から発熱していましたが、元気に過ごしていました。珍しく食欲がなかったので、心配しましたが、今日の朝からいつも通り食べられています。何かあればすぐ迎えにいけますので、ご連絡ください。今日もよろしくお願いします。	元気になって良かったです♪室内遊びや〇〇組の前のテラスに行ってシャボン玉をしたり、鯉のぼりを見たりしました。給食は、お口を開けてもペロッと出したり、そっぽ向いたりとなかなか進まなかったです。お昼寝は、一度起きてしまいましたが、少し遊んだらコットの上に横になってくれました。
4月17日	徐々にこども園にも慣れてきているようで嬉しいです。手形も楽しみにしています。他の子たちからの刺激を受けながら、楽しんで欲しいです。今日もよろしくお願いします。	リトミックがありました。楽しい歌を沢山歌ったり、卵型のマラカスを曲に合わせて振ったり、興味津々で楽しそうに参加する事が出来ました。給食は、モリモリ食べてくれたので良かったです♪

理論編

第5章 乳児保育における連携・協働

127

	保護者コメント	保育者コメント
4月18日	だんだんと歩く回数が多くなり、嬉しく思っています。日中お友だちと仲良くに過ごしているのか気になりますが、迎えに行った時に笑顔でこっちに向かってくるので、安心しています。今日もよろしくお願いします。	歩く事に興味が出てきているようですね。たくさん歩いています。歯科健診がありました。泣かずに受ける事が出来ました。給食はモリモリ食べてくれました。
4月23日	昨日病院に行き、薬をもらっています。お医者さんは風邪でしょうとのことです。本人は熱もなく、いたって元気に過ごしています。何かあれば、連絡ください。今日もよろしくお願いします。	病院受診と薬、承知しました。風邪がすぐに良くなるといいですね。今日はテラスで遊びました。風で飛んでいくシャボン玉を目で追って見たり触ろうとしてみたりと楽しみました。
4月24日	昨日は泣かずに登園でき、びっくりしています。最近は歩くことも多く、またスプーン食べやつかみ食べなども徐々にできるようになり、成長を感じています。（甘えたい時は全くやりませんが…笑）今日もよろしくお願いします。	泣いてもすぐに泣き止んで、好きなおもちゃのところへ行っています。立ち上がって参加することはできませんが、座ったままでリズムに合わせて身体を楽しそうに揺らしてくれる〇〇君がとても可愛いかったです。
5月14日	最近、嫌なことは「いや！」、やりたくないことはやらないとはっきりしてきました。ご飯も食べたくない時はお皿投げてきます…そんなときにどうしたらいいものか悩んでいます。甘えているのでしょうが…こども園でもご迷惑おかけしていると思いますがよろしくお願いします。	自我が芽生えてきたんですね。成長の証ですが、「いやいや」は大変ですね…。園ではお皿は投げてないので大丈夫です。室内では、機嫌よく遊びますが場所が変わると泣いてしまっています。場所見知りかなと思いますが経験を積めば落ち着いてくると思います。給食、おやつは、「いやいや」する事なく黙々と良く食べてくれる〇〇君です。
5月15日	今日はテーブルにあったペットボトルをご飯中に「とって」と言ってきたので、「今はご飯食べるよ」と言ってペットボトルを片付けると怒って食器を投げていました。昨日の先生との話を聞いていたのかご飯は介助すると少し食べるようになりました。根気強くやって行きます！	まだまだ一進一退の時期なので〇〇君の様子をみながら、必要なところのサポートをしてあげてください。きっといつか…「触れないで」と何でも自分で出来る日が来ます。今日は、リズムをしました。少しずつみんなのマネをしながら、身体を動かしています。
5月22日	1歳半検診に行ってきました。言葉のところで出てくるワードが少ない（4〜5個）ので引っかかっています…。内科の先生は全く問題ないと言われていましたが…。少し心配になりました。	落ち着いて過ごせています。給食も完食しています。一歳半健診、言葉についてのご心配は、これから言葉かけや絵本読み、歌を歌うなどたくさんインプットすることで言葉も出てくると思います。様子を見守っていきたいと思います。
5月24日	「いやいや期」なのか全てを嫌がるようになりました。5月から私も仕事が始まり、何か環境の変化や本人なりにもストレスがあるんだろうなぁと思います。いつも楽しく行事ができているようで安心しています。今日も楽しく過ごしてほしいです。	お家では、手を焼いているんですね。自我の芽生えと共に「いやいや」が始まる成長の第一歩ですね。おおらかに受け止めて、いろんな対応を試みながら、〇〇君とつき合ってみてくださいね。リトミックがあり、楽しそうに参加していました。

慣らし保育のメリット

　いままで保護者との安心した生活から初めて保育所に入園する子どもは不安でいっぱいです。多くの保育所では、子どもも少しずつ保育所の生活に安心して入っていけるように保育時間を短縮した「慣らし保育」が行われています。

　子どもの様子と保護者との面談から検討しますが、慣らし保育の期間は10日～2週間くらいです。

　保護者も初めてで戸惑いが多い場合があるので、保護者の不安を受け止めつつ、少しずつ慣れていく子どもの様子をしっかり伝え、コミュニケーションをとることも大切です。

慣らし保育の準備（保護者へ事前に伝えること）
- 「うつぶせ寝」の睡眠は突然死のリスクが高まるため、うつぶせで寝るクセのある子は「仰向け姿勢」で寝られるよう練習しておいてもらう
- 保護者には、いつでも子どもを迎えに行ける状態で余裕をもって過ごしてもらう
（いつでも連絡がつくようにしてもらう）
- 小さなことでも子どもの体調でふだんと違う気になることがあれば、保育者に伝えてもらう
- 哺乳瓶での授乳に慣れていてもらう

慣らし保育のメリット
- 保育園は楽しいところというイメージをもてるようになる
- 新しい生活リズムにスムーズに入ることができる
- 保護者の不安を軽減させる

慣らし保育のポイント
- 子どもの目線に合わせて話し、子どもが少しでも安心できるよう心がける
- 子どもの気持ちをしっかり受け止める
- 保護者とのコミュニケーションをしっかりとる
- 子どもが保育所でストレスを感じないように、スキンシップを多くとり、子どもがゆったりと過ごせる環境をつくる

慣らし保育の様子

2 災害時の連携

「児童福祉施設の設備及び運営に関する基準」では火災、地震、災害時に備え、計画を策定し月1回以上の防災訓練を課しています（**表5-3**）。

「保育所保育指針解説」では、災害発生時の対応体制及び避難の備えでは、緊急時の対応マニュアル作成、定期的な訓練の実施、日頃から保護者と綿密な連携に努めることをあげ、災害時に連携が図れるよう消防、警察、医療機関とコミュニケーションをとり事前に協力や援助を依頼するようになっています。

全国保育協議会は、2011年3月の東日本大震災を受け、「東日本大震災　被災保育所の対応に学ぶ〜子どもたちを災害から守るための対応事例集〜」を作成しています。その中で、高台に逃げるため、数キロ離れた小学校に避難したこと、近所の会社勤務の人たちの協力で園児を抱きかかえて避難できたこと、食材調達では保育職員の顔見知りのところから購入したこと、子ども用おむつがなく大人用おむつを分けてもらい両脇を輪ゴムで縛ってサイズ合わせをしたことなどが書かれています。

大きな災害では保育職員だけでは限界があります。災害時に支援と連携がはかれるよう、日頃の避難訓練では、地域に住む人々と接点をもち協力体制を築いておくことも大切です。

表5-3 保育所の避難訓練年間計画例

4月	・火災訓練　水平避難 （近所の民家から出火）	10月	・火災 （近所の民家から出火）
5月	・地震 （震度4）	11月	・地震 （停電）
6月	・水害（台風）垂直避難 ・不審者	12月	・火災 （駐車場側の民家から出火）
7月	・火災 （給食室火災）	1月	・火災 （給食室火災）
8月	・火災 （隣のマンションより出火）	2月	・地震 （停電）
9月	・水害（台風）垂直避難 ・不審者	3月	・火災 （給食室火災）

第1部
乳児保育Ⅰ 理論編

第6章 いろいろな場所で行われる乳児保育

　日々、子どもとその家族に密接に関わる保育者だからこそ、子どものウェルビーイングの向上のため、家庭や保育所だけでなく、社会全体での子育てが必要であることの発信基地としての役割も果たしていけるのではないでしょうか？
　ここでは、様々な場所で実践されている乳児保育や子育て支援のそれぞれの特徴を学びましょう。

　次代の社会を担う全てのこどもが、生涯にわたる人格形成の基礎を築き、自立した個人としてひとしく健やかに成長することができ、心身の状況、置かれている環境等にかかわらず、その権利の擁護が図られ、将来にわたって幸福な生活を送ることができる社会の実現を目指して、こども施策を総合的に推進する。

（資料：こども家庭庁「こども基本法」より抜粋）

1 3歳未満児の利用する保育施設

保育所は「児童福祉法」で規定されている児童福祉施設です。「児童福祉施設の設備及び運営に関する基準」で、必要な設備や職員配置などの最低基準が定められています（**表6-1、図6-1**）。そのほか、乳児室やほふく室[*1]を2階以上に設置する場合や、防火設備などについても定められています。

*1 ほふく室
　歩く前のはいはいする時期の子どもが、自由に動けるための部屋です。

表6-1 保育所設備の主な基準

乳児又は満2歳に満たない幼児を入所させる保育所に必要な設備	乳児室又はほふく室、医務室、調理室及び便所
乳児室の面積	乳児又は幼児1人につき1.65平方メートル以上
ほふく室の面積	乳児又は幼児1人につき3.3平方メートル以上

※ 乳児室又はほふく室には、保育に必要な用具を備える。

満2歳以上の幼児を入所させる保育所に必要な設備	保育室又は遊戯室、屋外遊戯場（保育所の付近にある屋外遊戯場に代わるべき場所を含む）、調理室及び便所。
保育室又は遊戯室の面積	幼児1人につき1.98平方メートル以上
屋外遊戯場の面積	幼児1人につき3.3平方メートル以上

※ 保育室又は遊戯室には、保育に必要な用具を備える。
（資料：「児童福祉施設の設備及び運営に関する基準」より作成）

図6-1 保育者の配置基準[*2]
（資料：「児童福祉施設の設備及び運営に関する基準」より作成）

*2 保育所の職員は、保育者、嘱託医及び調理員となっています。

また、認定こども園という施設もあります。認定こども園は、「就学前の子どもに関する、教育、保育等の総合的な提供の推進に関する法律[*1]」に認定基準などが定められています。保護者の就労に関わらず利用でき、教育と保育を一体的に行う機能と、地域における子育て支援を行う機能をもっています。認定こども園は、表6-2のように4つの類型があります。

表6-2 認定こども園4類型の比較

	幼保連携型認定こども園	幼稚園型認定こども園	保育所型認定こども園	地方裁量型認定こども園
法的性格	学校かつ児童福祉施設	学校（幼稚園＋保育所機能）	児童福祉施設（保育所＋幼稚園機能）	幼稚園機能＋保育所機能
設置主体	国、自治体、学校法人、社会福祉法人[*2]	国、自治体、学校法人	制限なし	
職員の要件	保育教諭[*3]（幼稚園教諭＋保育士資格）	満3歳以上→両免許・資格の併有が望ましいがいずれかでも可 満3歳未満→保育士資格が必要	満3歳以上→両免許・資格の併有が望ましいがいずれかでも可[*4] 満3歳未満→保育士資格が必要	満3歳以上→両免許・資格の併有が望ましいがいずれかでも可 満3歳未満→保育士資格が必要
給食の提供	2・3号子どもに対する食事の提供義務 自園調理が原則・調理室の設置義務（満3歳以上は、外部搬入可）	2・3号子どもに対する食事の提供義務 自園調理が原則・調理室の設置義務（満3歳以上は、外部搬入可）[*5]	2・3号子どもに対する食事の提供義務 自園調理が原則・調理室の設置義務（満3歳以上は、外部搬入可）	2・3号子どもに対する食事の提供義務 自園調理が原則・調理室の設置義務（満3歳以上は、外部搬入可）[*5]
開園日・開園時間	11時間開園、土曜日の開園が原則（弾力運用可）	地域の実情に応じて設定	11時間開園、土曜日の開園が原則（弾力運用可）	地域の実情に応じて設定

（資料：内閣府・文部科学省・厚生労働省「子ども・子育て支援新制度ハンドブック（平成27年7月改訂版）」より）

理論編

＊1　就学前の子どもに関する、教育、保育等の総合的な提供の推進に関する法律

　少子化など、家庭や地域を取り巻く環境の変化により、保育・教育への需要が多様化しているなかで、幼児期の教育及び保育は生涯にわたる人格形成の基礎を培う重要なものであることから、子どもが健やかに育成される環境の整備と子育て支援の総合的な提供を推進するための法律です。

＊2　学校教育法附則6条園の設置者（宗教法人立、個人立等）も、一定の要件の下、設置主体になることができる経過措置を設けています。

＊3　幼稚園教諭免許又は保育士資格のどちらか一方しか有していない者は、新制度施行後5年間に限り、保育教諭となることができます。

＊4　ただし、教育相当時間以外の保育に従事する場合は、保育士資格が必要です。

＊5　ただし、参酌基準のため、各都道府県の条例等により、異なる場合があります。

第6章

いろいろな場所で行われる乳児保育

2 子育て支援の場における乳児保育

1 子育て支援

保育所の子育て支援は、在園児の保護者に対する子育て支援と、地域に居住している子どもの保護者を対象とした子育て支援との2つがあります。保育における子育て支援の目的は、① 子どもの成長を保護者とともに喜ぶ、② 保護者が子育てを自ら実践する力の向上に資する、です。

(1) 在園児の保護者に対する子育て支援【保護者との相互理解】

子どもが「食べる・寝る・遊ぶ・出す」の基本的な欲求を充足するために、家庭と保育所とで連続性をもった関わりが必要不可欠です。

保護者と、送迎時の対話、細かな打ち合わせ、連絡帳、電話などの日々のコミュニケーションを重ねることで、相互理解を図ります。十分な時間を設定した保護者面談を利用した個別相談も有効活用したいものです。それぞれの家庭では、保護者の困り事も、「食べてくれない」、「飲んでくれない」、「寝てくれない」など、より細かなものが多く、保育者は保護者の気持ちを受容的に受け止めつつ、受け止めるだけでなく具体的な技法を提案することも必要です。

多くの保護者は就労しており、子育てと仕事の両立を支援するための配慮は重要です。乳児の場合、初めて保育所に入所する家庭も多く「綱渡りの生活であった」と振り返る保護者も多くいます。予測不能な体調の変化、それに伴う予定外の欠勤・早退や病院受診、連日の夜泣きや、自宅を出発する直前の子どもの排泄や嘔吐などのアクシデント、スケジュール通りには進まない日常に悩まされる保護者も多いでしょう。保育者はまずはこのような家庭の状況を理解し、保護者がそれでもなお、子育ての喜びを感じられるような関わりが必要です。また、様々な保育サービスを熟知しておき、保護者へ紹介することも大切な支援です。

様々な保育サービス

子育て支援による様々なサービスがあります。

● 病児・病後児保育

病児保育とは、突発的な発熱などに対応した病気の子どもを預かる場です。

また病後児保育は、急性期の症状が落ち着きつつある回復期の子どもを預かる保育の場です。どちらも看護師とともに病状にあった保育を行います。事前登録が必要な場合が多いです。

● 延長保育・夜間保育・休日保育

保護者の就労時間や通勤の時間に合わせて、通常の保育時間よりも長く子どもを預かるものが延長保育であり、多くの保育所で19時まで（あるいは20時まで）実施されています。

夜間保育とは、保護者の就労形態によって保育時間を原則深夜22時までに設定している保育です。夜間保育所では一般家庭のように夕刻には入浴や夕食も提供されます。都市部で実施されていることが多く、近年では21時頃まで営業している小売業で就労している保護者も多く利用しています。

日曜日や祝日などの保育所開所日以外に子どもを預かるものが休日保育です。休日保育は、地域のなかで1園または2園など限定して実施している場合が多いです。

（2）地域に居住している子どもの保護者を対象とした子育て支援

地域に居住している家庭を対象とした子育て支援には、主に次のような支援があります。未就園の子どもを預かることが多いため、必然的に乳児保育の観点が必要となることが多いです。

❶ 一時預かり事業のなかでの乳児保育

一時預かり事業とは、家庭において保育を受けることが一時的に困難となった子どもを、保育所、幼稚園、認定こども園等で、一時的に預かり、必要な保護を行う事業です（**表6-3**）。

表6-3 一時預かり事業

主な目的	保護者のリフレッシュ・冠婚葬祭・通院・短時間の就労のためなど
留意点	「子どもも保育者も互いに慣れていない（初対面のことも多い）」 ・いつも保育している子どもの場合、些細な体調の変化に気がつくことができるが、一時預かり事業では難しい側面がある。 ・両者が慣れていないために思わぬ事故が起きることがある。

❷ 地域子育て支援拠点（子育てひろば）の中での乳児保育

子育て中の親子が気軽に集い、交流や子育ての不安・悩みを相談できる場を提供する地域子育て支援拠点[1]は、「子育てひろば」と呼ばれることも多いです（**表6-4**）

＊1　地域子育て支援拠点事業の実施か所数は全国で8,016か所になっています。（資料：子ども家庭庁「地域子育て支援拠点事業実施状況（2023年度）」より）

表6-4 地域子育て支援拠点事業

主な目的	・交流の場の提供・交流促進 ・子育てに関する相談・援助 ・地域の子育て関連情報提供 ・子育て・子育て支援に関する講習など
留意点	「様々な年齢の子どもがいる」 ・まだ寝返りを始めたばかりの乳児もいれば、満年齢で3歳くらいの幼児も利用しているため、幼児のおもちゃが乳児の誤嚥を招くことも考えられる。
保護者の支援	・子ども同士を仲良く遊ばせることに注力しすぎて上手く息抜きの場にすることができない保護者や、常連グループの輪に入れず、より孤独感を強めてしまう保護者もいる。 ・子どもにも大人にも両方に目を配る必要がある。

（資料：厚生労働省「地域子育て支援拠点事業」より）

❸ 子育て相談のなかでの乳児保育

　保育施設や地域子ども・子育て支援事業、保健・医療・福祉などの関係機関を円滑に利用できるように、身近な場所での相談や情報提供、助言等必要な支援を行うとともに、関係機関との連絡調整、連携・協働の体制づくり等を行う利用者支援事業や前述の地域子育て支援拠点事業のなかで日常的に実施されている子育てに関する相談等があります。子育て相談には、対面や電話やオンラインでの遠隔相談があります。

子育て相談の内容

　代表的な相談内容は、乳児においては発育・発達の相談です。
　とても些細なできごとを悩んでいる保護者もいれば、深刻な事象で悩んでいる保護者もいて、悩みの種類は人それぞれですが、みな真剣に悩んでいます。子育て相談事業では、その相談内容によって、保育者は新たな相談先に「つなぐ」・「むすぶ」役割を担っています。
　保育者の経験値で答えるのではなく、科学的な根拠をもとに答えていきたいものです。また、自分たちの専門領域でないものは、適切にほかの相談機関へ連携していく必要があります。保育者は、地域の様々な専門家と顔の見える連携を実践していく必要があるといえます。

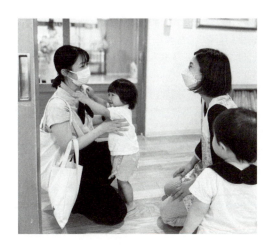

2 保育所以外の乳児保育の場

　保育所や認定こども園以外にも乳児院など乳児保育の実践の場があります。さらに「子ども・子育て支援新制度」により待機児童解消のため0歳児〜2歳児の保育の受け皿として保育の場が新設され、どの施設も「保育所保育指針」に準じた保育内容が展開されます。

　乳児保育が行われるその他の場として、家庭的保育事業、小規模保育事業、居宅訪問型保育事業、事業所内保育事業があります（**表6-5**）。

表6-5 その他の乳児保育の場

施 設	詳 細
家庭的 保育事業	2009年に法定化された「家庭的保育事業ガイドライン」によって運営基準が定められています。保育者の自宅などで実施される保育で1〜5人までの少人数保育が展開されます。多くは異年齢による保育となるため兄弟関係のような関わりが自然ともてることが特色です。園庭がなかったり狭小であったりするため、地域との連携により地域の資源を活用した園外活動などが展開されることが特徴の1つでしょう。また、地域の保育所との連携もあることが特色です。
小規模 保育事業	A型・B型・C型[1]の3種類の事業類型があります。職員の資格要件などに差がありますが、「保育所保育指針」に準じた保育内容であることに変わりありません。小規模保育事業は0〜2歳児までの事業であることから小規模保育卒園後の受け皿を担う地域の連携施設の設定が求められます。利用定員は6人以上19人以下です。
居宅訪問型 保育事業	居宅訪問型保育事業は保育を必要とする乳幼児の居宅において家庭的保育者による保育を行う事業です。保育者1人につき乳幼児1人が職員の配置基準になります。保育時間は原則8時間となり、「保育所保育指針」に準じた保育の提供がなされます。障害児を保育する場合、連携施設が必要です。対象者は原則として3歳未満の保育を必要とする乳幼児で、利用要件に該当し市町村長が認めたものです。 　民間のベビーシッターと混同されがちですが、民間のベビーシッターは「保育所保育指針」に基づく保育は行わず、利用者のニーズに合わせた保育の提供となります。また申込先も各ベビーシッター事業者です。
事業所内 保育事業	事業主が従業員とその家族のために、事業所内に福利厚生の1つとして運営しているケースが多くあります。利用対象者のなかに地域枠の利用者として地域の子どもも必ず設定されます。 　似たような保育施設に国が主体で運営している企業主導型保育事業があるので、区別しましょう。

※1：小規模保育事業の類型
　　A型…保育所分園に近い。職員の資格は保育士である。
　　B型…A型とC型の中間で職員の2分の1以上が保育士である。
　　C型…家庭的保育に近い。職員は家庭的保育者であるほか、職員の配置基準がA型・B型とは異なる。

すべての子どもの育ちを応援するために

　子育て家庭の多くは、誰にも相談できずに不安や悩みを抱えていることが多いものです。その要因の1つとして「孤立」があげられます。就園していないこどもは、0～2歳児の約6割を占めることから、保育につながっていない子どもの育ちや、保護者への支援を強化していくことを目的として、こども家庭庁は「こども誰でも通園制度（仮称）」の創設のためのモデル事業を行っています。この制度は、3歳未満で保育所に通っていない子どもを対象とし、保護者の就労の有無にかかわらず、月に一定時間保育を利用することができます。

　専門家である保育者が関わる事で、子どもにとっては、初めて家庭以外の場で過ごし、同年代の子どもと関わったり、家庭ではできない経験ができます。保護者にとっても、保育者から子どもの様子を聞くことで、新たな気づきを得るなど、子どもと保護者の関係性にも関わっていくことで、支援の強化が期待されます。

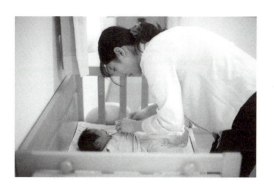

3 社会的養護を担う乳児院

乳児院は、家庭の様々な事情で家族と一緒に暮らすことができない乳幼児が生活する「児童福祉法」第37条に定められた児童福祉施設です[*1]。入所理由は虐待、親の病気、若年出産など様々です（図6-2）。どのような理由であれ、家族と離れて生活することになります。乳児院は、その不安や気持ちを受け止め、自分を愛し、支えてくれる人がいる場所です。

[*1] 乳児院は全国に147か所あり（2023年4月現在）、約2,400人の子どもが生活しています。

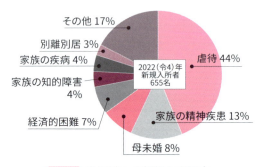

図6-2 乳児院への新規入所理由
（資料：全国乳児福祉協議会「乳幼児総合支援センター～乳児院の包括的なアセスメントを活かす支援体制～（令和6年5月）」より作成）

1 子どもと関わる職員

乳児院での養育[*2]は24時間365日行われており、特に乳児期は約3時間おきの授乳や乳幼児突然死症候群（SIDS）予防など、生命を守るためにきめ細やかな関わりを行っています。職員は保育士、看護師、栄養士、心理士、家庭や里親を支援するソーシャルワーカー、医師（嘱託医）など専門職が配置されています（図6-3）。

[*2] 乳児院での保育
保護者から離れて生活をする乳児院では、家庭に代わる役割と親子関係の支援を担っています。
全国乳児福祉協議会が出している指針「乳児院養育指針」では、乳児院での保育のことを「養育」、職員のことを「養育者」と表現しています。

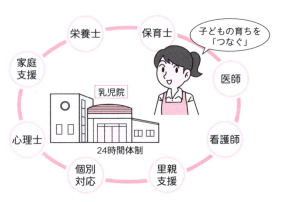

図6-3 乳児院の主なスタッフ

健康面、生活面、発達面、心理面など様々な専門的視点から**アセスメント**[*1]し、日常生活の中での関わりに生かしています。また、何らかの病気や障害がある場合は看護師による医療的な処置をしたり、心が傷ついている子どもには心理士による心理療法をおこなったりと専門的なケアを提供しています（図6-4）。

*1 乳児院でのアセスメント
　乳児院では様々な専門的視点から評価したものを総合させ、子どもの全体像を理解し、日々の保育に展開できるよう方針を設定しています。

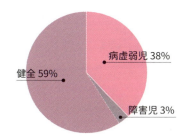

健全 59%
病虚弱児 38%
障害児 3%

専門職が揃っている乳児院には、何らかの病気や障害を抱えている子どもも多く入所しています。

図6-4　入所児の心身の状況
（資料：全国乳児福祉協議会「乳幼児総合支援センター〜乳児院の包括的なアセスメントを活かす支援体制〜（令和6年5月）」より作成）

2 子どもの生活

　原則として乳児（新生児から1歳未満）を入所させて保育する施設であり、2歳で次の生活場所に移ることが多かったのですが、2004（平成16）年の児童福祉法改正により、パーマネンシー保障[*2]の観点から、心や体の育ちに特別な配慮が必要な場合は6歳（就学前）までの入所が可能になりました。

　集団生活ではありますが、より家庭に近い環境づくりと、1人ひとりの子どもへのきめ細かいケアに取り組んでいます。

　また、ひなまつりや七夕など、季節の伝統行事をしたり、栄養士と連携して食育に取り組んだり、様々な体験ができるような生活づくりをしています。

*2 パーマネンシー保障
　子どもに安定的な育ちを保障することです。社会的養護においては保育者や生活環境の継続性、永続性という意味で使われています。

乳児院を退所する子どもの行き先は、約半数が家庭、2割近くが里親家庭、ほかは児童養護施設や障がい児施設など別の施設です（図6-5）。

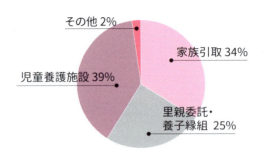

図6-5 乳児院の退所理由
（資料：全国乳児福祉協議会「乳幼児総合支援センター〜乳児院の包括的なアセスメントを活かす支援体制〜（令和6年5月）」より作成）

退所後の支援も乳児院の役割の1つで、**実親**[*1]や**里親**[*2]が子育てについて悩みや困難に出会ったときに、保育所等地域の見守り機関と連携を取りながら支援します。家族との関係をもう一度作り直す支援も、乳児院に不可欠な機能です。

3 乳児院の役割と今後のビジョン

1947年の児童福祉法制定によって設置された乳児院の役割は、「戦災孤児や、栄養・衛生上の問題による発育不良、感染症などから子どもたちを保護し、命を守ること」でした。その後、70年以上にわたり家庭の様々な事情で家族と一緒に暮らすことができない乳幼児とその家族を支え続けています。

近年は本来の「乳幼児の保育」に加え、社会情勢に合わせて乳児院の① 24時間体制、② 様々な専門職がいる、③ 親子関係のアセスメントができる、という専門性を生かし、様々な役割を担っています。病虚弱児や障がい児の保育に伴う医療機関との連携や被虐待児の保護とケア、出産前後の母子の支援[*3]や、里親も含めた親子の関係性支援[*4]、地域の子育て支援[*5]など、予防的支援から退所後の支援まで、子どもと家族が地域で幸せに暮らしていくために、より地域に根差した総合的かつ包括的な役割を担っていきます。

---

*1 実親
　血のつながりがある生みの親のこと。

*2 里親
　様々な事情で家族と離れて暮らす子どもを、自分の家庭に迎え入れ、温かい愛情と正しい理解をもって育てる人。

*3 思いがけない妊娠、出産についての電話相談や、出産後の自立に向けての支援などをしています。

*4 子どもにとって保護者や里親が「一緒にいて安心できる人」となるように関係機関と連携しながら保護者や里親と交流をしたり、困りごとについて相談に乗ったりしています。

*5 24時間体制を生かして一時的に利用する「ショートステイ（子育て短期支援事業）」や「トワイライトステイ」、地域の親子の遊び場の提供や相談援助を行う「地域子育て支援拠点事業（ひろば事業）」、病（後）児を預かる「病（後）児保育」などをしています。

子どもの育ちをつなぐ

　乳児院は、入所している子どもの不安や寂しい気持ちを受け止め、自分を愛し、支えてくれる人がいる場所であり、子どもにとっての"もうひとつのあったかいおうち"です。

　小さな身体と心でたくさんの辛い思いを体験してきた子どももいます。泣きやしぐさや表情で表す感情を、保育者が受け止め、寄り添い、代弁者となること（アドボカシー）を使命としています。

　生後4か月で入所したAちゃん。入所したときは自分の指を吸ってあまり泣かない大人しい子でした。保育者は、これまではAちゃんが泣いても周りの大人が応じてくれなかったのではないかと見立て、Aちゃんが大人しくても保育者側から声をかけたりスキンシップを取ることで、少しずつ泣いて訴えたり抱っこを求めるようになりました。

　このように、乳児院では子どもが安心して子どもらしく暮らせる生活づくりをしています。

　また、乳児院では、次の保育者に"子どもの育ち"を「つなぐ」ことを大切にしています。乳児院で安心、安全な生活を送る中で、子どもが心地よいと感じる関わりや、「その子らしく生きやすく」なるポイントを探り、それを家族や次の保育者へ伝えていくことが、子どもの育ちを「つなぐ」ことだと考えています。

里親家庭を支えるまなざし

　里親になってからというもの、とても賑やかな毎日です。ドタバタと家事に育児に奮闘する日常は、一般の家庭となんら変わりありません。

　違いといえば、里親養育は中途養育ということです。同じ家庭で一緒に暮らし始めて1か月であれば、まだ子どもとの関係性は生後1か月の赤ちゃんを育てる親と同じ、親1か月目の新米です。もしかしたら、妊娠という準備期間がない分、別々に暮らしていた期間がある分、関係はマイナススタートかもしれません。これは、たとえ何人も預かり、何年もの経験があるベテラン里親でも同じです。そんな中、里親はこれまでのその子の養育環境などから表出される様々な状態をケアしていく必要があります。これは、とても大変なことです。

　里親家庭で暮らす子どもたちは様々な背景をもっています。そのことが子どもの発達や行動、言動に大きな影響を及ぼします。知る機会を得られなかったこと、間違って学習していることなども多くあります。子どもたちは、これまでの私の経験や感覚では想像できないような大きな荷物を小さな体で一生懸命抱えています。里親は、なかなか上手くいかない養育の日々の中で、その子の人生にとって、今、必要な関わりを優先しています。

　園では、気になる行動があったり、躾が気になったりするかもしれません。その時は、どうぞ里親の思いを聞いて、一緒に考えてみてください。園の先生が悩み、考え、一緒に伴走してくれることは、どれだけ里親子の力になるでしょう。

　ただ、里親には守秘義務があり何でも話せるわけではありません。すべてが話せないために、相談しづらくなりがちです。これは、孤立しやすい構造をもっています。話を聴いてほしいけど話せない…そんな葛藤を抱えていることもあります。そんな時に園の先生が、「お母さん、元気ですか？毎日大変でしょう。」と何気なくかけてくれた言葉に何度救われたことか。相談はできなくても、「誰かが私たちを見てくれている」。このことが孤立を遠ざけてくれるのです。

　里親をやってみて、様々な課題を抱えた子どもたちと関わるためには、年齢や月齢、常識的な当たり前に当てはめず、子どもの状況、背景に、より丁寧に思いをはせて理解しようとする努力と柔軟な想像力が必要だと日々感じています。「なぜ？」、「どんな気持ちなの？」と子どもの視点に立って想像する。それを支えてくれるのは、正しい知識です。どうぞ、多くのことを学び、素敵な保育者になってください。

（豊岡短期大学通信教育部 こども学科講師 / 養育里親　菅原 亜紀）

> 第1部
> 乳児保育Ⅰ 理論編

第7章　保育者としての自己覚知

　乳児保育の学びを通して、自分なりの望ましい保育者像や保育実践の形が見えてきたのではないでしょうか。
　子どもや保護者に信頼される保育者としてあり続けるためには、保育の質の向上を心掛け、常に自分自身について振り返ることが大切です。笑顔で子どもと向き合えるように"自己覚知"を心がけましょう。

　3歳までの乳幼児期は特に、心身ともに著しい発育・発達が見られる時期で、この間に長時間、長期間にわたって子どもと関わる保育者（保育士）が与える影響は多大です。さらに核家族化、共働き世帯や単親家庭の増加など家庭の形の変化に伴い、子どもの保育はもちろん、保護者や地域社会の子育て支援など、保育者に期待されることが多くなっています。
　理論上では望ましい関わり方が分かっていても、実際にやってみるとうまくいかないことが起こって子どもとの関わりに悩むこともでてきます。子どもの最善の利益を尊重しながら誠実に関わるためには何が必要なのか、考えていきましょう。

1 保育者の意義

「ヒト」としての基礎を培う乳幼児期に関わる保育者の意義は大きく、まだ自分の思いをうまく表現することができない子どもの言葉や表情、態度、行動などからその思いや欲求を汲み取って受容、共感しながら温かく関わり発達を保障していくこと、子どもの最善の利益とは何かを常に意識しながら日々の保育を振り返り、保護者や地域の子育て支援も含めて子どもの発達に応じたよりよい保育を提供していくことが求められています。

保育の現場から1

泣き止まない子どもに対して気持ちが騒ぐ（イライラする）

眠たそうに眼を閉じているが、泣き続きている生後4か月の男児。抱っこをして優しく揺らしていても声かけをしても泣き続けている姿にだんだん気持ちが落ち着かなくなってきたため、ほかの職員に代わってもらった。

なかなか泣き止まない子どもの対応は、心身ともに負担もあります。「自分の気持ちが落ち着かなくなってきたな」と自分の状態に気づくことができれば、ほかの保育者に代わってもらったり、応援を求めることができます。

2 保育者の及ぼす影響と相互作用

子どものみならず保護者に対しても大きな影響を与える保育者は、常にその言動を見られている意識をもつ必要があります。

特に子どもは日々担当の保育者と過ごすので、その行動、表情、言葉使いや、ちょっとした仕草やくせなども保育者の様子を見て真似をするものです。子どもにとってよきモデルになっているか、自分の言動を常に振り返りながら保育を進めていくことが大切です。

> 保育の現場から2

保育者の言葉や行動を子どもが真似をした

2歳の女児が保育者の真似をして遊んでいた。ぬいぐるみを優しく抱っこして「おいしいね」と語りかけながらミルクを与える真似をしており、言葉遣いやしぐさが保育者そっくりだった。

> 子どもは保育者の言葉や姿をよく見ています。
> 言葉遣いや行動など、日頃から意識しておきましょう。

　また子どもとの関わりは、意識していても保育者の性格、価値観や感情に左右されがちです。保育者は子どもの思いに寄り添い、受容しながら援助を行うことを基本としますが、行き過ぎた援助が子どもの主体性や自立心の芽生えを摘み取り、依存を引き出して発達を阻害する結果につながることもあります。

> 保育の現場から3

相互作用

　訴えの強い1歳女児。要求がかなうまで泣いて訴え続けるため、子どもには手渡さないようにしている絵本を渡した。そのようなことを繰り返していたら、ほかの保育者には言わないが、自分にだけ要求がかなうまで泣き続けるようになった。

> 子どもの要求をすべて叶えることが良いとは限りません。「子どもが約束を守らない」理由は、もしかしたら大人の対応が引き起こしている可能性もあります。
> 子どもの意思を尊重すること、気持ちに寄り添うことは大切ですが、決まり事を守ることも大切です。対応に困ったときはほかの保育者に相談しましょう。

逆に子どもの発達や望ましい生活習慣の獲得を後押しするあまり、子どもの発達の現状理解や気持ちへの寄り添いに配慮が及ばなくなることがあります。目に見える形の結果にとらわれて自らの価値観や感情に流され冷静な判断ができなければ、不適切な保育になってしまうことも予想されます。

> **保育の現場から4**
>
> ### 子どもが言うことを聞いてくれない
>
> 1歳6か月の男児。他の保育者の言うことは素直に聞くのに、自分の言うことには「イヤ」と言って聞いてくれない。「どうして私の言うことを聞いてくれないの？」とイライラした。
>
>
>
>
>
> 「自分の言うことを聞いてほしい」という思いがあると、いうことを聞いてくれない子どもに対して不満を感じるかもしれません。保育者が、自分の気持ちが落ち着かなくなったことに気づき、ほかの人に話をきいてもらう、相談することも大切です。
> また、子どもが「イヤ」と意思表示ができるのも、大切な成長の1つです。発達段階に合わせた言い方をしているか、子どもがどんな気持ちなのか、という視点で考えると「なぜこの子はイヤと言うのかな？」、「何がイヤなのかな？」と子どもの気持ちに寄りそうことができるでしょう。

保育者は子どもに影響を与えるだけでなく、子どもからも影響を受ける相互作用について自覚しましょう。

例えば入園間もない3歳未満児は特に保護者と離れる不安が強く、なかなか泣き止まないことがあります。経験の少ない保育者は泣き止まない子どもに感情が揺さぶられ、「何とかしなければ」と気持ちが焦ることもあります。しかし入園間もない子どもは「保護者と離れて寂しくなり泣くのは当然です。むしろ保護者との間に安定したアタッチメント（p.30参照）が構築されているからこそ、環境の変化に危機感を覚え、それを泣くことで表現できているのです。「それは発達の証なのだ」との子どもの心理的発達の知識があれば保育者も楽になります。

保育者が落ち着いて笑顔で関わることで「この先生と一緒にいると安心」と子どもが感じるようになれば、子どもからも笑顔が返ってくるようになり、良好な相互作用が生まれてきます。

さらに子どもの「やってみたい気持ち」や「甘えたい気持ち」などを理解して関われば、子どもからも豊かな反応が返ってくることでしょう。このような良好な相互作用のなかで、穏やかな保育の時間が共有でき、子どもたちの望ましい発達が促されていきます。

　それは子どもに対する相互作用だけではなく、保育者が関わる保護者や一緒に働くスタッフ、地域の方々についても同様です。まずは自分が笑顔で穏やかに関わることができているか、意識しながら働きかけてみましょう。

3　保育者としての自己覚知

　自分の言動を意識するためには、まず自分自身について深く知り、客観的に理解すること、すなわち「自己覚知*1」が重要になります。

＊1　自己覚知
　自分自身がどのような性格や価値観をもち、無意識にどのような感情になりやすいのかを知ったうえで、感情や態度を意識的にコントロールすること。自己について客観的に理解する「自己理解」だけでなく、理解したうえで意図的に自らをコントロールした実践につなぐという意味で「自己理解」より深い自覚が求められます。

保育の現場から5

食事マナーが気になる

食事をこぼしながら食べる1歳男児。あまりにもたくさんこぼすため、感情的になって強く叱ってしまった。

整理整頓が好きで、几帳面なところがある。「食事はこぼさず、きれいに食べなければならない」と思っている自分に気づいた。

保育者として几帳面であることは長所でもありますが、1歳児にとっては「食べこぼさないこと」より、「食事が楽しいと思えること」、「手づかみでも自分から積極的に食べること」の方が重要です。それが理解できれば無理なく実践につなぐことが可能になります。こぼしながらも自分で食べている1歳児を笑顔で見守ることができ、食べこぼしの後は持ち前の几帳面さで清潔に掃除することができることでしょう。

保育者としての望ましい保育実践のために、自らが子どもや保護者に与える影響を十分に認識し、主観と客観の特性とその限界を自覚したうえで、常に自分の保育を振り返りながら意識的に自分自身をコントロールする「自己覚知」を心がけましょう。

保育の現場から6

周りの保育者から教えてもらった

　自分ではいつも通りに保育をしているつもりだったが、同じ担任の保育者に「何かあった？」と心配された。
　昨日友人と喧嘩し、気分が落ち込んでいた。声をかけられたことで気持ちを切り替えることができた。

保育者が子どもや保護者に与える影響は少なくありません。大きな出来事があると、自分をコントロールすることが難しい時もあるかもしれません。
しかし「今、自分のコントロールが難しいな」と自分で理解していると、休むことや周りにサポートをお願いすることもできます。

保育の現場から7

ほかの保育者に気を遣ってしまう

　新任保育者として働き始めた。1歳の女児が外遊びから部屋に戻りたがらず、その場から動こうとしないため対応をしていると、ほかのクラスの先生が他の子どもの対応のフォローに入ってくれたことに気づき、戻りたがらない子を早く他の子どもと一緒にしようと焦り、声かけが強くなってしまった。

「周りに迷惑をかけてはいけない」、「自分の力が足りないから子どもが言うことを聞いてくれない」と思っていると、目の前にいる子どもの気持ちに寄り添うことができなくなります。
しかし、初めて保育者として働き始めた頃は特に、このように考えることはよくあることです。それがいけないことではなく、周りの大人の目を気にする自分がいることを理解しておくことが大切です。

> 保育の現場から 8

自分の関わりを振り返り、反省した

　ブロック遊びをしている1歳女児。ブロックを上手くはめることができず、下唇を出して泣きそうな表情をしていたのがかわいらしくて思わず「かわいいね！」と頭をなでたが、女児は驚いた様子だった。
　おそらく、「ブロックがはめられずに困っているのに、なぜかわいいと言われるのか分からない」と戸惑ったのであろう。
　その様子を見て、自分が子どもではなく自分の気持ちを優先した関わりをしており、女児の気持ちに寄り添う関わりではなかったと反省した。

　保育者は、いかなる時も子どもの状態を細やかに観察した上で適切な関わりをすることが求められます。そのためにはこのエピソードの保育者のように、自分の行動を客観的に振り返ることは大切です。

　事例について記録を取り、子どもや保護者との関わりについて分析してみることも、自分の保育を客観的に振り返る効果的な方法です。**プロセスレコード**[*1]の手法（**表7-1**）で自分の保育を分析し、関わり方を考察することで理解が深まります。

　また自分だけでは気づけない部分を補うためにも、積極的に他者とのコミュニケーションを図り、多角的な視点で「自分の保育」をとらえられるようにしていきましょう。意見を交わすことでお互いによい影響を与え合うようなり、有効な相互作用も期待できます。

　園長や主任、外部の専門家などに**スーパービジョン**[*2]を求めたり、研修に参加したりすることで、さらに気づきが促されて保育のスキルも向上し、よりよい保育につながります。

　このように、保育者としての専門性を担保し、常に保育の向上を図るために、他者とのコミュニケーションを取りながら「自己覚知」を心がけていきましょう。

*1　プロセスレコード
　援助者（保育者）と被援助者（子どもや保護者など）の相互作用の過程（プロセス）を明らかにすることで関わり方の考察を深め、より良い実践に活かすための記録。

*2　スーパービジョン
　園長や主任、外部の専門家などの監督者、管理者、または熟練した指導者が、当事者（保育者）から担当している事例について報告・相談を受け、その内容や対応の方法などについて適切な指導、アドバイス、サポートを行うこと。

表7-1 プロセスレコードの手法を用いた考察の例

眠たそうに眼を閉じ泣き続けている生後4か月の男児。抱っこで優しく揺らしても声かけをしても泣き続けている姿にだんだん保育者の気持ちが落ち着かなくなってきたため、ほかの職員に代わってもらった。

子どもの言動や表情	保育者が考えたり感じたりしたこと	保育者の発言や行動	子どもの反応
① 眠たそうに眼を閉じ泣き続けるため、抱っこで優しく揺らしたり声かけをするが泣き続ける。	① 何か不快な気持ちがあり入眠できないのかな。おむつ交換し、ミルクも飲んで排気もしたのになぜ泣き止まないのだろう、<u>どのように関わればよいのか混乱してきた。</u>	① 抱っこして声をかけながら優しく揺らしていたが、だんだん子どもに対して気持ちが落ち着かなくなってきたため、ほかの職員に対応を代わってもらった。	① <u>ほかの職員に代わってもしばらく泣いていたが、徐々に落ち着き、入眠できた。</u>

● 自己洞察

- 初めは泣いている理由を考えて声をかけたり、ゆったりした気持ちで対応していたが、なかなか泣き止まないと「早く泣き止んで入眠してほしい」と自分の気持ちが優先されていた。

- 「自分の気持ちが落ち着かなくなってきたな」と自分の状態に気づいたときは、ほかの保育者に代わってもらったり、応援を求めたりすることで、自分も子どもも落ち着くことができるのだと理解できた。無理をせず、代わってもらうことも大切だと考えた。

Scene 2 新任保育者として働き始めた。1歳の女児が外遊びから部屋に戻りたがらず、その場から動こうとしないため対応をしていると、他のクラスの先生が他の子どもの対応のフォローに入ってくれたことに気づき、戻りたがらない子を早く他の子どもと一緒にしようと焦り、声かけが強くなり無理やり連れて行った。

子どもの言動や表情	保育者が考えたり感じたりしたこと	保育者の発言や行動	子どもの反応
① 1歳の女児が外遊びから部屋に戻りたがらずその場から動こうとしなかった。	① まだ遊びたかったのかな、でも皆お部屋に戻っているから早く連れて行かないと。	①「早くお部屋に戻らないとお昼ご飯が食べられなくなるよ」と強い口調で言った。	①「イヤ！」と悲しそうな顔で言うがその場から動かない。
② 他のクラスの保育者がフォローに来てくれたので、女児のそばまで行って部屋に戻るように促したが、視線は合ったものの頑として聞き入れずに遊び続けた。	② 他の保育者が大変だからフォローしてもらっている。私が上手く子どもを誘導できないからだ	② 動こうとしない女児を無理やり抱っこして皆の所へ連れて行った。	②「イヤ〜！」と体を反らせて泣き、その後もしばらく機嫌が悪かった。

● 自己洞察

- まだ遊びたかったのだろうと思ったが、「周りに迷惑をかけてはいけない」と、子どもではなく大人に気を遣っている自分に気がついた。

- 小さい頃から「気の利く良い子だね」と褒められていた。大人に気を遣うことができるけど、子どもに気を遣うことができていなかったと反省した。

- 自分の力が足りないから子どもが言うことを聞いてくれない、と落ち込んだが、「まだ入職して間もないので上手くできないのも先輩保育者がフォローするのも当たり前のこと」と先輩保育者に言ってもらい、肩の力が抜けた。

- 今後はフォローしてくれる先輩保育者に感謝して、子どもの気持ちに寄り添った関わりができる保育者を目指していきたい。

3 ●保育者としての自己覚知

Scene 3

入園間もない1歳男児。母親と離れる不安が強いが、母親は笑顔で「お願いします」とすんなりと預けていった。男児はなかなか泣き止まず「何とかしなければ」と気持ちが焦ってしまった。

子どもの言動や表情	保育者が考えたり感じたりしたこと	保育者の発言や行動	子どもの反応
① 母親から保育者に抱っこを変わると、母親は笑顔で「お願いします」とすんなり預けていったのに対し、男児は「ママ！ママ！」と大声で呼びかけて振り向かせようとした。 ② 保育者に抱かれながらも、気持ちの切り替えができない様子でしばらく泣き続けた。	① これまで一緒にいた母親と長い時間離れるようになり、不安に感じているのだろう。 ② 子どもはこんなに母親を求めているのに、母親はあっさり預けていったが心配ではないのかな、と感じた。 しかし、心配だけど子どもが余計不安にならないように気を遣ってくれたのかもしれないと思い、お迎えの時に、母親と別れた後の様子を伝えたら、母親も安心してくれるだろうと考えた。	①② 「ママとお別れして寂しいね」、「お仕事が終わったら迎えに来てくれるよ」と子どもの気持ちを代弁し、安心できる声かけをした。	① 徐々に泣きがおさまり、しばらく抱っこで過ごしていると、自ら抱っこから降りて遊び始めた。 ② 日中は特に問題なく穏やかに過ごすことができた。母親が迎えに来たときは、笑顔で母親に抱きついていき、「○○ちゃん、頑張ったね」と褒められてさらに笑顔になった。 母親に別れた後の様子を伝えたら、母親も気になっていたようで、「安心しました」とホッとされていた。

● 自己洞察

- とても激しく泣いていたので、初めは感情が揺さぶられ焦ったが、まず子どもの不安な気持ちを受け止めてゆったりと関わることを心がけたら、落ち着いてきて自ら遊びに入っていくことができた。

- 入園間もない子どもは「保護者と離れて寂しくなり泣くのは当然、むしろ保護者との間に安定したアタッチメントができている証拠だ」と考えることができた。

- 母親の態度に対して、初めはマイナスなイメージを持ったが、子どものことを考えているからこそなのかもしれない。

- 預けた後の様子を伝えることで母親も安心し、保育者との信頼関係もつくっていけるのではないか。

これから保育者を目指す皆さんへ

　子どもは大好きなのに、どうして今日は優しくなれないんだろう…
　希望に胸弾ませて保育の世界に就職したのに、仕事に追われて心が疲れてしまうことは、保育者なら誰でも経験があるはずです。特に周りの期待に応えたいと思う新人保育者は、幼い子どもたちと関わる日々の中で自分が無理をしていることに気づかずに頑張りすぎることがあります。これが溜まりに溜まると心を病んだり、不適切保育につながったりしかねません。
　そんな時は仕事をいったん離れて自分のための時間を過ごすことも大切です。休日に友だちと映画を見たり、おいしいものを食べたり、好きなアーティストのコンサートで自分を解放したりしてみましょう。逆にただただ寝るのもお勧めです。しっかり充電できたら、また子どもに寄り添うパワーも生まれます。
　先輩の保育者に悩みを聞いてもらうこともいいですよ。悩みがあるのは自分の課題が分かっているからで、アドバイスをもらえれば保育力向上のチャンスです！先輩はあなたが頼ってくれることを喜んでくれるはず。
　経験値が上がったら、今度はあなたが後輩に頼られるステキな先輩を目指しましょう！

第 2 部
乳児保育Ⅱ 実践編

乳児保育の実践

　保育の目標を達成するために、保育士等は、次の事項に留意して保育しなければならない。
- 一人一人の子どもの状況や家庭及び地域社会での生活の実態を把握するとともに、子どもが安心感と信頼感をもって活動できるよう、子どもの主体としての思いや願いを受け止めること。
- 子どもの生活のリズムを大切にし、健康、安全で情緒の安定した生活ができる環境や、自己を十分に発揮できる環境を整えること。
- 子どもの発達について理解し、一人一人の発達過程に応じて保育すること。その際、子どもの個人差に十分配慮すること。
- 子ども相互の関係づくりや互いに尊重する心を大切にし、集団における活動を効果あるものにするよう援助すること。
- 子どもが自発的・意欲的に関われるような環境を構成し、子どもの主体的な活動や子ども相互の関わりを大切にすること。特に、乳幼児期にふさわしい体験が得られるように、生活や遊びを通して総合的に保育すること。
- 一人一人の保護者の状況やその意向を理解、受容し、それぞれの親子関係や家庭生活等に配慮しながら、様々な機会をとらえ、適切に援助すること。

（厚生労働省「保育所保育指針1（2）保育の目標」より）

第2部　乳児保育Ⅱ　実践編　目次

実践 1　人的環境としての保育者 ……………………………………… 159

実践 2　保育の計画 …………………………………………………… 160

実践 3　保育者の関わりと環境づくり ………………………………… 162

実践 4　抱っこ・おんぶ ……………………………………………… 164

実践 5　睡　眠 ………………………………………………………… 167

実践 6　沐浴・清拭 …………………………………………………… 169

実践 7　授　乳 ………………………………………………………… 171

実践 8　たべる－食事の援助－ ……………………………………… 173

実践 9　だす－おむつ交換－ ………………………………………… 177

実践 10　衣服の着脱 …………………………………………………… 181

実践 11　保育室の環境づくり ………………………………………… 182

実践 12　あそぶ ………………………………………………………… 184

実践 13　0・1・2歳児の教材研究－玩具を調べてみよう－ ………… 187

実践 14　散　歩 ………………………………………………………… 189

実践 15　保護者との連携 ……………………………………………… 191

実践 16　保育者としての自己覚知 …………………………………… 193

別 冊　実践ワークシート

実践1 ●人的環境としての保育者

実践 1 人的環境としての保育者

　子どもは信頼する保育者との関わりを通して、安心感を得て、保育園での生活を主体的に楽しんでいきます。保育者として、常に子どもを全身で受け止められる備えをしておきたいものです。また、抱っこやおんぶ、おむつ交換や衣服の着脱の援助など様々な保育実践で子どもと密着したり触れたりする機会が多くあります。子どもが信頼できる人的環境としての保育者として、身だしなみから考えていきましょう。

【グループワーク】
- 保育者として3歳未満児と関わる際の心構えを話し合い、ワークシートに書きましょう
- 保育者としての「身だしなみ」のチェック項目を話し合い、それぞれの枠内に書き出してみましょう
- （色鉛筆を使って）保育に当たって、ふさわしいと思われる身だしなみをヒト型に描いてみましょう

演習編

実践 2 ● 保育の計画

実践 2 保育の計画

　第3章で示した通り、保育は目の前の子どもの姿とこれからの子どもの育ちを見通して立てられた計画に基づいて行われます。0歳児クラスは月齢差、個人差が特に大きく、それぞれの子どもの育ちにそった指導計画をたてることが重要です。保育実践を丁寧に評価し、柔軟に指導計画を見直すことも求められます。

【〇〇保育園 0歳児クラス】

★ねらい★
- 保育者との安心できる関係の下で、身の回りのものに親しみ、様々なものに興味や関心をもつ
- 食事、睡眠等の生活リズムの感覚が芽生える

【デイリープログラム（0歳児クラス）】

時 間	子どもの活動	保育者の関わり
7:00～9:00	登園 ・遊び	・健康観察をする ・合同保育をする
9:00～11:30	各クラスでの活動 ・各クラスへの移動 　（朝の会、朝の体操など） ・今日の活動（遊び）	・各クラスに移動し、ふれあいを大切にしながら子どもの遊びを援助していく
11:30～12:30	昼食	・子どもの様子を見ながら食事の準備、食事の援助、片づけを行う

12:30～15:00	午睡 	・午睡の準備をし、穏やかに入眠に誘う
15:00～15:30	目覚め、おやつ	・午睡の片づけ ・おやつの準備、おやつの援助、片づけを行う
15:30～15:40	自由遊び （帰りの会）	・安全に配慮しながらお迎えが来るまで遊びを見守る（延長保育の子どもに軽食を提供する）
15:40～18:00	降園 (18時以降お迎えの子どものみ軽食)	
19:00	全員降園	・園内を確認し、掃除、洗濯、記録入力などをする

【演習ワークシート2】
- デイリープログラムから、子どもの気持ちに寄り添った保育者の関わりを考えましょう
- 保育所の0歳児クラスのねらい、デイリープログラム、「子どもの姿」から個別計画を考えて書きましょう

【グループワーク】
- 作成した個別計画について、ねらいに沿った計画が立案できているか、グループで話し合ってみましょう

実践 3 保育者の関わりと環境づくり

　保育所等での保育は、環境を通して行われます。子どもたちは、安全が守られた環境の中で安心して過ごすことにより、自分から興味をもったものに関わり、充実感や満足感を得ていきます。また、日常生活を送る上で必要な食事（授乳・離乳食）や衣服の着脱なども、大人の手を必要とする状態から、その子のペースで少しずつ、「自分で」できるようになっていきます。

　それらは、大人に強制されながら身につけていくのではなく、遊びを楽しむ中で、子ども自身が動き、考え、試行錯誤しながら、獲得していきます。

　子どもにとって分かりやすく、また、興味を引き出すよう、保育室の環境を構成することが保育者には求められます。

たべる

衣服の着脱

あそぶ

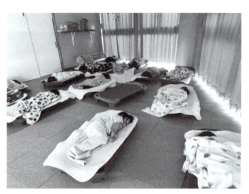
ねる

実践 3 ● 保育者の関わりと環境づくり

【演習ワークシート 3】

● 1 日の生活の中での環境づくり、心がけたい保育者の関わりを考えて書きましょう

【グループワーク】

● 以下の項目の中から 1 つ選んで、グループワークしたことをワークシートに書きましょう

① グループで「たべる」、「衣服の着脱」、「遊ぶ」、「ねる」のテーマをそれぞれ分担し、保育の環境と保育者の関わりについてまとめましょう

② 先生から提示された事例について話し合ってみましょう

演習編

実 践 4 抱っこ・おんぶ

1 抱っこ

　抱っこは、子どもにとっての移動手段であると同時に、子どもと保育者が身体的にぴったりとくっつくことから、愛着形成を図るとても大切な保育実践の1つです。それだけでなく、視線を合わせたり、笑顔で見つめ合ったりなど、様々なスキンシップをとることができます。

（1）よこ抱き

　よこ抱きは、首が据わってない新生児から行うことができる抱き方です。保育者の表情が子どもによく見えるので笑顔で話しかけながら行います。

【よこ抱きのポイント】

- 抱く前には腕時計、指輪などをはずし、爪の長さや髪、服装も整えます
- 子どもが安心し、安全に抱っこを行うため、子どもと保育者の体が密着した状態で、体全体を使って抱っこすることを心がけます（抱っこによる手首の腱鞘炎、腰への負担による腰痛などを予防します）
- 首が据わってない子どもの場合は、子どもの頭が保育者の肘にしっかり乗り、安定するようにします
- 股関節脱臼を防ぐために、足をまとめて抱え込まないようにします

首が据わってない場合は、首の下に手を入れてしっかりと支えましょう。もう片方の手は股の間から差し入れ、おしりを支えます。

肘の内側に子どもの頭を乗せ、自分と子どもの体はしっかりと密着させましょう。

よこ抱きの実践

（2）たて抱き

　たて抱きができるようになると、子どもと保育者の顔が近くなるので、子どもと保育者が同じ景色をみることができます。子どもが声をあげた時、指さしした時、子どもの興味を共有することができます。

【たて抱きのポイント】

- 自分の腕に子どもを座らせるイメージで抱きます
- 首が据わっている、体幹がしっかりしているなど子どもの発達のポイントをおさえます
- 脱臼を防ぐため、手や腕を引っ張って抱き上げるのではなく、わきの下をしっかり支えて抱き上げるようにします
- 抱っこしている時に子どもの足が自然な形（M字）になるように抱っこします

後頭部・背中・お尻を
しっかりと支えましょう

たて抱きの実践

2 おんぶ

　おんぶは、保育中に行うことは少ないですが、慣らし保育中で保育所の環境に慣れていない子どもがいる場合や、災害時の避難（避難訓練）などで行うことがあります。

【おんぶのポイント】

- 安全のため、2人以上で行います
- 後ろの様子が見えないので、物がたくさんあるところや、狭い場所などを通らないようにします（子どもがぶつかることがあります）
- おんぶ紐が子どもの手や足に絡まっていたり、子どもの顔に保育者の髪や服などがかかっていたりしないか確認します

実践4 ●抱っこ・おんぶ

- 子どもが落ちないように支えながら行います。
- おんぶ紐がねじれていたり、子どもの手足に絡まっていないかを確認します。
- おんぶ終了時も2人で行いましょう。

おんぶの実践

【演習ワークシート4】
- ワークシートの項目について考えて書きましょう

【グループワーク】
- 以下の項目の中から1つ選んで、グループワークしたことをワークシートに書きましょう
  ① 実際に赤ちゃん人形などを抱っこやおんぶして、難しかった点や気をつける必要のある点など話し合ってみましょう
  ② 抱っこやおんぶを嫌がる子どもがいた場合、どのように関わればよいか話し合ってみましょう
  ③ 先生から提示された事例について話し合ってみましょう

実践 5 睡 眠

　子どもたちは、興味・関心のあるものが目に入ると落ち着いて眠れません。入眠しやすい環境を整え、いつも関わっている保育者がそばにつき、優しく話しかけたり体に触れたりしながら穏やかに眠りにいざなっていくように心がけていきます。

　子どもは活動が不足していても、疲れすぎていても穏やかに眠れません。落ち着いて眠るためには午前中の活動量も重要になります。心地よく疲れて眠れるように考慮しながら活動計画を立てていきます。

1 睡 眠

【寝かしつけのポイント】
- 背中などをリズムよくトントンします
- 子守歌やオルゴール調の音楽を流します

【睡眠時のポイント】
- 寝る場所には枕やぬいぐるみをおかないようにします
- 下に敷くふとん・マットレスは固めのものを使います
- 上にかける毛布やタオルケットなどで、口元を覆わないように気をつけます

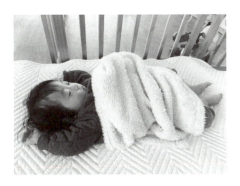 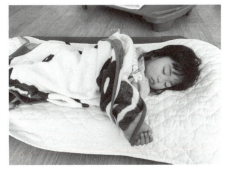

子どもの様子

2 なかなか寝ない子どもへの対応

　この時期の子どもは、眠気に不安を感じてぐずることもしばしばあります。保育者がそばについて「目が覚めたら、○○ちゃんが好きな虫探ししようか？」など、目覚めた後に楽しい期待がもてるように話しかけながら眠りに誘っていきましょう。どうしても眠れないときは、別室に移動して眠くなるまでひと遊びするのもよいでしょう。

3 睡眠時に留意すること

- SIDS や窒息を防ぐために、特に 1 歳までは、寝かせる時は仰向けに寝かせましょう
- 寝具が乱れて顔にかかっていないか、子どもの表情など、寝ている時の様子や呼吸状態も定期的に観察しましょう（表5-1）

表5-1 呼吸確認（ブレスチェック）の目安

0 歳児	5 分に 1 回
1〜2 歳児	10 分に 1 回

【演習ワークシート5】

- ワークシートの項目について考えて書きましょう

【グループワーク】

- 以下の項目の中から 1 つ選んで、グループワークしたことをワークシートに書きましょう
① 眠そうにしているが、なかなか入眠できない子どもに対してどのように関わるか、話し合ってみましょう
② 様々な睡眠時の呼吸確認のチェック表を調べ、比較検討してみましょう
③ 先生から提示された事例について話し合ってみましょう

実践 6　沐浴・清拭

　沐浴や清拭は清潔にするための手段の1つです。
　保育所での生活の中で汗をかいたり、土や泥、絵の具などで遊んで汚れたりします。そのままの状態にしていては子どもの健康が損なわれてしまいます。
　沐浴は、体を清潔にしたり、血液循環を促進して新陳代謝を高めたりします。子どもの機嫌の良い時に行い、体温が高い時や発疹がでているなど病気の兆候が見られる時や、機嫌が悪く元気がない時、授乳直後は控えます。全身の沐浴でなくとも、おむつ交換時に便がゆるく汚れの範囲が広い場合など、下半身だけ洗うこともあります。
　清拭は、清潔なガーゼや布で子どもの体を拭きます。
　どちらも、服を脱いで行いますので、実施する際には環境を整えてする必要があります。心地よい感覚を子どもが感じられるように声かけや働きかけも重要です。

【沐浴のポイント】

- 沐浴前に子どもの様子（機嫌がよいか、発熱や発疹などの病気の兆候がないかなど）、授乳（食事）時間（授乳後すぐに沐浴すると嘔吐を誘発する）を確認します
- 沐浴後の湯冷めを防ぐため、あらかじめ着替えの衣服や、湯温、室温、湿度、必要物品の準備をしておきます

沐浴の実践

- 子どもが心地よいと感じるように、笑顔で声かけ（「あたたかいね」、「きれいきれいしようね」など）をします
- 洗う時には、顔から洗い、前面から背面、上から下の方に、最後に陰部を洗います
- しわになっているところや手のひらなどに汚れがたまりやすいので、しわの中も優しく洗います

- 陰部の洗い方
  女児：陰唇を開いて尿道口から肛門に向かって前から後ろに一方向に洗います
  男児：陰茎の先を最初に洗い、陰嚢は上に持ち上げるようにして洗います
- 顔にお湯がつかないように注意します
- 石鹸が残っていると皮膚炎を起こすことがあるので、しっかり洗い流します
- 皮膚が傷つきやすいので、ごしごしこするのではなく、しっかり押さえ拭きします

【清拭のポイント】
- 「お顔拭こうね」など、声をかけながら行う
- 汚れを広げないため、1か所ごとに、拭く面を必ず変える
- 「きれいになったね」、「すっきりしたね」など、きれいになったことを伝える

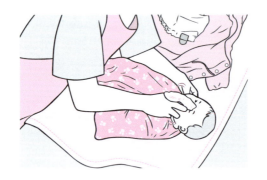

清拭の実践

【演習ワークシート6】
- ワークシートの項目について考えて書きましょう

【グループワーク】
- 以下の項目の中から1つ選んで、グループワークしたことをワークシートに書きましょう
① おむつかぶれがある子どものおむつ交換時に、おしりふきで拭くとかぶれの部分を更に傷つけることがある為、お尻を部分洗浄することがあります。その際に注意することについて話し合ってみましょう
② 実際に人形などを使って沐浴の演習を行ってみて、難しかったところ、特に注意を必要とするところなど、気づいたことを話し合ってみましょう
③ 先生から提示された事例について話し合ってみましょう

実践 7 授 乳

　授乳は、子どもにとって栄養を摂取する手段であり、保育者とのやりとりをしながら心地よさを感じる時間でもあります。リズムよく飲む子どももいれば、ちょっと休憩をしたり、遊んだりしながら飲む子どももいます。保育者から「お腹いっぱいかな？」、「もうちょっとあるよ」などの働きかけを受け、また飲み始めるなど、子どもと保育者とのやりとりがとても大切です。リズムよく飲んでいるのに話しかけて中断してしまうこともありますが、穏やかな授乳時間がもてるように心がけましょう。

【授乳の際のポイント】

- 子どもの授乳間隔（前に何時に飲んだのか）、いつもどのくらい飲むのかなどを確認します
- 子どもが心地よい状態で授乳できるために、おむつの確認をし、汚れていたら交換します
- 授乳中は、子どもに集中し、機嫌よく飲んでいるか、苦しそうな様子はないかなど様子を観察しながら授乳します[※1]
- 空気も一緒に飲んでいるので、授乳後は必ずげっぷをします
- 授乳前のミルクの量と授乳後のミルクの量を確認し、子どもが飲んだ量を記録します[※2]

※1　必要であれば、乳首をとりかえたり、蓋の閉まり具合を確認するなどします
※2　180 mL 作って 40 mL 残っていたら、140 mL 飲んだことになります

● 授乳中は子どもの表情を
よく観察しましょう。

授乳の実践

実践 7 ● 授　乳

【演習ワークシート 7】
● ワークシートの項目について考えて書きましょう

【グループワーク】
● 以下の項目の中から 1 つ選んで、グループワークしたことをワークシートに書きましょう
① まだ園に慣れておらず、授乳を嫌がっている子どもへの関わりについて話し合ってみましょう
② ミルクの吐き戻しが多い子どもへの対応について考えて、話し合ってみましょう
③ 先生から提示された事例について話し合ってみましょう

【参考】

調乳の実践

実践 8 ●たべる －食事の援助－

8 たべる －食事の援助－

　子どもの咀嚼や嚥下機能の発達にそって調理形態が変わってきます。離乳食の開始の頃は、口に入った食べ物をゴックンと飲み込むことができる様な調理形態にします。歯が生えてきてもはじめは歯でかむことはまだできません。舌と上あごを使ってつぶす動きを覚え、徐々に歯ぐきで押しつぶし、奥歯が生えそろう頃に自分の歯でかむ事を学習していきます。

　また、五感を育むために調理した食事の盛りつけ、食材の味・香り、舌触りなども楽しくなるような工夫も大切です。

　「たべる」ことには個人差が大きく表れます。食べる量、早さ、好き嫌い、使える食器の種類、咀嚼・嚥下の状態など、1人ひとりの子どもの状況を十分に理解した上で、何より「自分で」、「楽しく」食べられることを優先しながら食事の提供をしていきましょう。

1 食事の援助

【離乳初期のポイント】
- つぶしがゆから始め、すりつぶした野菜などを試し、慣れてきたらつぶした豆腐や白身魚へと進めていきます

【離乳中期のポイント】
- 口の中でひとまとめにすることを覚える時期のため、歯茎でつぶしやすく、飲み込みやすいように細かさや柔らかさに配慮した形態に調理します

【離乳後期以降のポイント】
- 味つけのバリエーションを増やします
- 9か月になると手づかみ食べもみられるので、つかみやすいメニューをそろえます
- 積極的に自分で食べようとするようになりますので、誤嚥しないように見守りながら食事の援助をします

2 食具の使用

指先の微細運動の発達とともにスプーンやお箸などの食具を使いたがるようになってきます。スプーンやフォークは子どもの口の大きさに合っていて、子どもの手が握りやすい太さの柄のものを選びましょう。

食具の使用

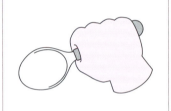		
上手持ち →	下手持ち →	えんぴつ持ち
・はじめは、スプーンを上手持ちし、反対の手で手づかみ食べをすることが多いです。	・下手持ちや手首の返しが少しずつできるようになり、徐々にスプーンですくう、よせる、切るなど使い方のバリエーションが出てきます。	・使わないほうの手を食器に添えるなどができるようになります。お箸は2歳頃から使い始めます。

3　離乳食の援助

　子どもが出来そうなタイミングで、食前食後のあいさつや食器の扱い方、食べ方のマナーなどを知らせていきます。そして出来た時には見逃さずに認めて褒めることで望ましい食事習慣が身につくように関わっていきます。
　乳幼児期の「食べること」は社会的コミュニケーションの入り口です。お友だちと一緒に食べること、保育者からの「もぐもぐ、ごっくん、おいしいね」、「あまいね」などの声かけを通して、食べることの楽しさを子どもが感じられるようにするためにも、安全・安心な食事環境を整えましょう。

【食事中の姿勢】
- 椅子に深く腰掛けたときに、両足の足の裏が床にしっかりとつき、安定した姿勢で食事ができるようにします（必要であれば、足元に足置きを置きます）
- 机とおなかの間にこぶし1個分ほどの隙間ができるようにします

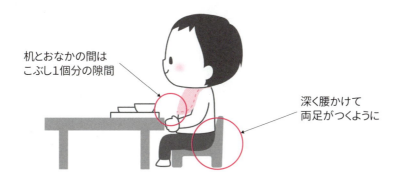

机とおなかの間はこぶし1個分の隙間

深く腰かけて両足がつくように

【食事中の見守りポイント】
- 前歯で噛み切るなど一口の適量を伝えたり、「もぐもぐ」と口を動かす様子を伝えていく
- お茶やスープなどの汁物でのどを潤しながら食事をする
- 口の中の食べ物がなくなったことを確認してから、次の食べ物を口に入れる
- スプーンにのせる量や口の奥まで入れすぎないように、注意していく
- 器の中が少なくなるとスプーンですくいづらくなり、かき込みやすくなるので保育者がスプーンにのせるなど、配慮をする
- 食べやすい大きさにして、「もぐもぐ」、「かみかみ」などと声かけをし、よく噛んで食べることを知らせる
- 飲み込みにくい様子が見られた時には、一度口の中から取り出す
- 口に食べ物が入ったまま眠りそうな様子がみられるときは、誤嚥による窒息を防ぐため、声かけをして目が覚めてから食べるようにする（眠い時は無理をせずに先に眠らせる）
- 食事に集中できるように話しかけ、口に物が入ったまま立ち歩くことがないように配慮する

【演習ワークシート 8】

● ワークシートの項目について考えて書きましょう

【グループワーク】

● 以下の項目の中から 1 つ選んで、グループワークしたことをワークシートに書きましょう

① 食事の途中で遊び始める子どもに対して、どのように食事を勧めるか、声掛けの仕方や援助の仕方について話し合ってみましょう

② 離乳食がすすんでいくにつれて、子どもが特定の食べ物を嫌がったり、食べる量に「むら」がでることがあります。どのような発達が考えられるのかをまとめ、食事を食べようとしない子どもへの対応について考えてみましょう

③ 先生から提示された事例について話し合ってみましょう

実践 9 だす —おむつ交換—

　おむつ交換は、子どもが清潔の習慣を身につけていくための大切な保育実践の1つです。汚れたおむつが「気持ち悪かったね」と不快な状態から新しいおむつに交換して「気持ちいいね」という快な状態になったことを保育者の言葉で伝えていくことで、子ども自身も不快から快へと変化したことを感じていきます。それだけでなく、しっかりスキンシップを取る大切な時間でもあります。何人もの子どものおむつ交換をするときには、次に待っている子どもがいたり、次の活動が迫っていたりして、早く終わらせなければと焦り、作業になってしまいがちです。また、汚れをきれいに拭き取ることに集中しすぎてしまい、子どもへの働きかけがおろそかになることもあります。

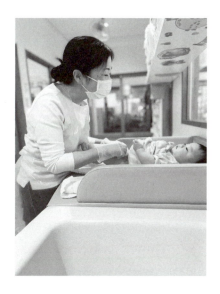

　子どもと1対1で向き合える大切な時間ととらえて、子どもの目をみて「いっぱい出たね」、「あんよ持っててね」などやりとりすることも大切にしていきましょう。

　排せつ物を扱うため、感染（拡大）防止の対策が必要です。

　おむつ交換専用のエプロンをつけ、手袋を着用するなど、排せつ物に直接触れないように気をつけます。また、汚れたおむつはすぐにビニール袋にいれるなどして、子どもが触ることがないように気をつけましょう。使用後のおむつ交換台は毎回消毒をふりかけ、清潔な布で拭きあげておきます。保育者もおむつ交換の前後は手を洗います。これらの保育者の行動も、子どもに話しかけながら行うことで、子ども自身に清潔の習慣が徐々に身についていきます。

　子どもの排泄物は健康の状態を知るバロメーターでもあります。何時に出たのか、形状や色など、保護者に伝えられるようにしっかり記録しましょう[※]。

　　　　　※ 場合によっては、保護者が病院受診する際におむつごと持っていけるように準備をします。

1 おむつ交換

【おむつ交換のポイント】
- おむつ交換の前後には手を洗いましょう（子どもにもみせながら行うことで、清潔の習慣づけにもつながります）
- 寝て交換する子どもの場合、子どもの手の届かない所に物品を置きます
- 股関節脱臼をふせぐために、両足をまとめて上に引っぱらないようにします（p.56参照）
- 男の子の場合、陰茎・陰嚢の裏に便が付着しやすいので、丁寧に拭きとります
- 女の子の場合、外陰部に便が付着しやすいので、前から後ろへ、中央から両外側へと一方向で拭きとります

おむつ交換の実践

【布おむつ交換のポイント】
- 男の子の場合は、前が厚くなるように布おむつを折ります
- 女の子の場合は後ろが厚くなるように布おむつを折ります
- おむつカバーから布がはみ出ていると、尿がしみてきて洋服まで汚れるので、おむつカバーにおさまるようにします

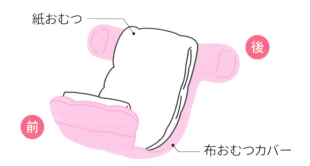

2 おむつ交換

おむつ交換中に足をばたばたしたり、きこえてくる音に反応して寝返りをしたり、子どもはたくさん動きます。子どもの興味のあるおもちゃを渡してみたり、「いないいないばぁ」の要領で「○○ちゃん、ばあ」、「きれいになってきてるね」と声かけをしたりして子どもの興味をひきながら行いましょう。

3 立つ頃のおむつ交換

　仰向けに横になった状態で交換することを嫌がる子どももいます。そういった時には、何かにつかまって「あんよあげてね」などと立って替えることもあります。洋服が落ちてきて、汚れがつかないように、洗濯ばさみなどで洋服を留めておいたり、子ども自身が降ろせるところまで自分でおむつを降ろしたり、子どもの「したい」に合わせて、徐々に自分でできるところを増やしていきましょう。

4 トイレでの排泄

　排せつの自立に向けてのタイミングは、① 排尿の間隔があいてきたこと、② 自分で立って数歩は歩けること、③ 排尿のサインを言葉や仕草で示せることの３つが目安とされています。特に午睡後のおむつ交換時におむつが濡れていないと、トイレでの排せつの成功率が上がります。子どもの排尿間隔を見極めつつトイレに誘い、成功したら「でたね」、「すごい！」、「すっきりしたね」など、しっかりと成功体験を感じられるような声かけをします。

　子どもによって個人差も大きく、排尿前に知らせることは簡単ではありません。出た後に「あ、（おしっこ）出る」と教えてくれることもあれば、遊びの方が優先で排尿の仕草が出ていてもトイレに行きたがらないこともあります。もしも出たあとであっても「教えてくれてありがとう」、「出たの言えたね」など、子どものできたことを言葉にして伝え、保育室内に漏れてしまった場合は、素早く掃除をしましょう。

　パンツで過ごすことも増えると、漏らしてしまうこともあります。寒い季節は濡れたところから冷えますので、暖かい季節から始めるとよいでしょう。子どものペースを大切にしながら少しずつトイレでの排泄に誘っていきましょう。焦らず根気強く取り組むことが大切です。

実践 9 ●だす −おむつ交換−

【演習ワークシート 9-1】
- ●ワークシートの項目について考えて書きましょう

【グループワーク】
- ●以下の項目の中から 1 つ選んで、グループワークしたことをワークシートに書きましょう
- ① 子どもがおむつ交換の途中で寝返りをしてしまうときの関わりについて話し合ってみましょう
- ② トイレでの排泄を促すときに気をつけたいことを、子どもの気持ちを想像しながら話し合ってみましょう。例えば、遊んでいる途中にもじもじしている様子が見られたとき、遊びに夢中でトイレに行きたがらないとき、トイレに座ってもなかなか排泄がみられないときなど、場面をイメージしながら考えてみましょう
- ③ 先生から提示された事例について話し合ってみましょう

【演習ワークシート 9-2】
- ●演習を振り返り、自己評価をしましょう

実践 10 衣服の着脱

　更衣は、清潔な衣服に変えることで健康を守る意味があります。子どもが心地よく活発に活動をするためには、子どものサイズに合った洋服の着用が必要です。また、子どもの体はやわらかく、腕や足などを無理な方向に曲げると、脱臼することもあります。関節をおさえてゆっくり脱がせたり、迎え袖で着せたり、丁寧な関わりが必要です。年齢があがると、徐々に好みの主張がでてきます。また、今は着替えたくないという主張もでてきて、拒否したり、面白がって逃げたりといったこともあります。子どもが自分で選んだり、自分でできたという感覚を味わえるように関わる事が大切です。

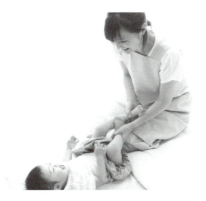

衣服の着脱の実践

【演習ワークシート10】
- ワークシートの項目について考えて書きましょう

【グループワーク】
- 以下の項目の中から1つ選んで、グループワークしたことをワークシートに書きましょう
  ① 更衣の途中で寝返りする子どもへの関わりについて話し合ってみましょう
  ② 自分でズボンをはこうとするけれどバランスが取れずにうまくはけず、試行錯誤している子どもへの関わりについて話し合ってみましょう
  ③ 先生から提示された事例について話し合ってみましょう

実践 11 保育室の環境づくり

　子どもは身近な環境に興味・関心を感じ、それに自ら働きかけることを通して体を動かすことの楽しさを経験したり、新たな発見に喜びを感じたりします。その経験はさらに周りの環境に関わろうとする意欲を高め、生きる世界を広げたり深めたりしていくことにつながります。

　こうした経験を豊かに重ねていくために、保育者は子どもの発達段階を踏まえ、遊びと生活に配慮した、落ち着いて穏やかに過ごせる空間を構成し、十分に体を動かすことのできるスペースも確保しましょう。子どもや保育者の動線を考慮してテーブルや椅子、ベッド等を配置し、遊びの空間では個人差や興味・関心に沿った玩具、遊具等を整え、他者との関わりの機会がもてるような保育室の環境をつくることが重要です。

休息コーナー（絵本）

おもちゃコーナー

探索スペース

テーブル・椅子

　　　運動スペース　　　　　　　午睡スペース　　　　　　おむつ交換台

【演習ワークシート 11】

- ワークシートの文章（0 歳児、1 歳児、2 歳児）のいずれかに○をつけ、保育室の環境づくりの視点として、どのようなことに留意しながら環境を整えていくか、写真を参考にしながら、子どもの月例や年齢も考慮し、各コーナーに必要な物を考えてみましょう
  （記入例）食事コーナー：テーブル・椅子
  　　　　　遊びコーナー：積み木・絵本

【グループワーク】

- 以下の項目の中から 1 つ選んで、グループワークしたことをワークシートに書きましょう
  ① 子どもにお片付けを伝えるために、どのようなことに配慮するか話し合ってみましょう
  ② 保育室内で危険が予想される個所を考え、危険に対する対策を話し合ってみましょう
  ③ 先生から提示された事例について話し合ってみましょう

実践 12 ●あそぶ

実践 12 あそぶ

　子どもは日々の生活の中から遊びや体験を重ねることにより関心を広げ、他者との違いなどに気づきます。この気づきが自分の気持ちを相手に表現していく意欲や行動につながり、成長していきます。

　遊びは子どもの発達の源泉であり、運動機能や社会性の発達、豊かな情緒を育んでいきます。また、遊びは生活そのものといわれるように、睡眠の時間以外は、毎日を過ごす生活の中に遊びがあります。そして、遊びには、遊びの時間・遊びの空間・遊びの仲間の3つの要素が必要です。

　理論編（p.54〜）を参照しながら、それぞれの年齢について遊びを調べてみましょう。また、調べた遊びを実演し、グループのメンバーからフィードバックを受け、振り返ってみましょう。

【0歳児のあそび】

　子どもは穏やかに話しかけられたり、優しく触れられたりすることが大好きです。昔から伝承されてきた「わらべうた」は、0歳児が心地よいと感じるリズムや旋律で、身近な大人とふれ合いながら遊ぶことができます（表12-1）。目や鼻、手や足などを示しながら遊ぶことが体の部位を覚えることにもつながります。まず保育者が表情豊かに、子どもと視線を合わせながら遊びに誘っていきましょう。

子どもの様子

表12-1 わらべうた・手遊びうた

分類	例
となえうた	♪どれにしようかな ♪一番星みつけた
手合わせ遊び	♪アルプス一万尺 ♪お寺のおしょうさん ♪おちゃらか ♪グーチョキパーでなにつくろう
動作遊び	【顔遊び】♪あがりめさがりめ ♪ひげじいさん 【身体全体】♪おしくらまんじゅう
身ぶり遊び	♪手をたたきましょ ♪むすんでひらいて ♪あたまかたひざぽん
じゃんけん遊び	♪げんこつやまのたぬきさん
ふれあい遊び	♪せんたく ♪いっぽんばし
絵かきうた	♪へのへのもへじ ♪ぼうがいっぽんあったとさ
物語り遊び	♪ことしのぼたん ♪くまさんのおでかけ
まりつき遊び	♪あんたがたどこさ
おに遊び	♪かごめかごめ ♪はないちもんめ ♪通りゃんせ

グーチョキパーで
なにつくろう

むすんでひらいて

あたまかたひざぽん

せんたく

くまさんのおでかけ

【1歳児のあそび】

　自分で歩けるようになると探索活動の範囲が広がり、周りの玩具に興味・関心を示すようになります。絵本は子どもが好奇心を示すものの1つです。子どもが指さす果物や動物などの絵に保育者が応えることで、子どもの発語も促されます。1歳後半になると、簡単な話の流れも分かるようになり、お気に入りの絵本も出てきます。子どもの求めに応えて繰り返し読み聞かせをしましょう。

保育者とジャンプ

絵本の読み聞かせ

【2歳児の遊び】

　いろいろなものの名前を覚えて語彙が増え、自分の思いを少しずつ言葉で表現できるようになってくる2歳児は、さらに活動の範囲を広げていろいろな遊びにチャレンジするようになります。友だちにも興味を示し、同じ場所で遊ぶことを喜ぶようになります。保育者が仲立ちとなり、子ども同士のふれあい遊びやごっこ遊び、簡単なルールの少人数での遊びなどが経験できるように、遊びの引き出しを増やしておくことが大切です。

子どもの様子

【演習ワークシート12-1】
- 0歳児、1歳児、2歳児それぞれの特徴と発達を考えながら遊びについて調べましょう
- 保育者の配慮事項（安全面、衛生面での配慮を含む）を考えて、書きましょう

【演習ワークシート12-2】
- 演習ワークシート12-1で調べた0歳児、1歳児、2歳児の遊びについて実際に演習をして感想などを書きましょう

【グループワーク】
- 以下の項目の中から1つ選んで、グループワークしたことをワークシートに書きましょう
  ① 年齢ごとに調べた遊びを分担して発表してみましょう
  ② それぞれ発表した遊びについて、良かった点、改善点などについて話し合ってみましょう
  ③ 先生から提示された事例について話し合ってみましょう

実践 13　0・1・2歳児の教材研究 −玩具を調べてみよう−

　子どもたちは玩具を手に取って、なめたり、見つめたり、床や地面にぶつけたり、興味をもって遊びます。自分で興味があるものに手を伸ばして物がつかめるようになると、口に入れて玩具の素材や大きさ、感触などを確かめます。子どもは生まれてすぐはぼんやりと周囲が見えている程度ですが、成長とともに視力が向上し、遠近感も分かりはじめます。子どもが口に玩具を入れるという行動は、より繊細にその物を感じとることができる探索活動として大きな意味をもつのです。

　保育者は、子どもの行動を発達の知識をもって観察することができる専門職です。なめる、たたくなどの一見望ましくないようにみえる行動の意味を、子どもの発達の知識を用いて読み解いていく事が必要になります。そして、その時期の子どもたちの探索活動を支えるものについて考えを巡らせつつ、環境を整えていきます。

　子どもの発達をふまえて、どんな玩具に子どもが興味をもち、遊びこめるのか考えてみましょう。

【0歳児の玩具遊びの様子】

【1歳児の玩具遊びの様子】

子どもの様子

【2歳児の玩具遊びの様子】

子どもの様子

【演習ワークシート13】
● ワークシートの項目について考えて書きましょう

【グループワーク】
● 以下の項目の中から1つ選んで、グループワークしたことをワークシートに書きましょう
① 子どもが遊ぶ際の安全に関する配慮と、その玩具での遊びがより楽しめる保育者の行動や声かけを具体的に考えて、話し合ってみましょう
② タブレットやパソコンなど電子玩具といわれる玩具の注意点について考えて、話し合ってみましょう
③ 先生から提示された事例について話し合ってみましょう

実践 14　散　歩

　園外活動は子どもたちが様々な経験をする貴重な機会です。保育者は子どもたちが安心して、楽しく園外活動ができるように出かける前から安全への準備が大切です。

1　散歩の際の留意点

　園外活動に出る際には、どのルートを通っていくのか、車や自転車が通ったり、看板が出ていたり、道がガタガタしてお散歩カーが通りにくい所はどこか等、事前に確認が必要です。また、子どもたちの発達に合わせて、誰と手をつなぐのか、帰りも歩けるかなど保育者間で打ち合わせをし、園外活動の途中で子どもが疲れてしまった時でも柔軟に対応できるようにしておきます。救急セットや除菌シートなど突発的な事態にも対応できるように準備をしてから出発します。園を出る時、横断歩道を渡った時、立ち寄った公園、帰園時などその場にいる保育者全員で、常に人数を確認し、全員そろっていることを確認してから移動します。

　前日に熱が出ていたり、体調のすぐれない子どもは園に残り、園外に出る子どもは必ずトイレをすませてから（新しいおむつに交換してから）出発します。

　子どもの成長に合わせて保育者の抱っこ、おんぶ、ベビーカーやお散歩カーに乗って散歩に出かけます。「お花が咲いているね」、「ワンワンがいるね」など、子どもに声かけをしましょう。歩道の内側を歩き、自転車や歩行者といきあう時には、保育者同士声をかけあって、一旦とまるなど安全に常に気をつけながら行いましょう。最初は短時間の園外活動から行います。

2　お散歩カーによる散歩

　お散歩カーを使用する場合は、子どもが座りこんでしまうと他の子どもの下敷きになってしまうため、必ず立つように声かけをします。移動中は揺れるため、側面などにしっかりつかまっているかを確認し、子どもの手が離れていたり、身を乗り出したりしている場合は、危険なため、戻るように声かけをします。複数人で使用するため、乗る子どもの相性に配慮したり、歌を歌ったり、道中のものに興味をもてるように声かけをしたりして、子どもが楽しめるように気を配りましょう。

※お散歩カーは災害時の際の避難車にもなるために、乗車に慣れておくことも大切です。

3 歩いて散歩

誘導ロープを使用したり、保育者と手をつないだり、子ども同士で手をつないで散歩をする際は、靴が急に脱げることがあるので、しっかり履けたか確認してから、出発します。子どもの歩くペースに合わせ、列の間隔が空くと子どもが走って転ぶ危険があったり、列が長くなってしまうので、子どものペースを見ながら、「○○くん、歩くのが上手だね」など声かけしながら進みます。

歩いている途中で気になるものがあると子どもはそちらに引き寄せられていきます。虫に気がついて急にしゃがんだり、赤信号で停車中の車に近づいていったり、予想できない行動がみられます。子どもの発見を受け止められる十分な時間的余裕をもつこと、そして、車に近づくなど危険な事は「かっこいい車だね」と子どもの気持ちは受け止めつつも、「あっちにもかっこいい車あるよ」、「お花も咲いてるなぁ」など子どもの気持ちを違う方へと誘導し、それ以上近づくことを避けるなどの配慮も必要です。

4 目的地での留意点

公園などの目的地に到着したら、水分を補給し、公園の中で遊ぶ（外には出ない）など公園でのお約束を確認してから遊びます。保育者も子どもと一緒に遊びつつ、子どもの人数はそろっているか、水場など危険な場所に近づいていないか常に確認しながら過ごします。公園では他の園の子どもが来ていたり、地域の方も過ごしているため、配慮しつつ子どもが思いっきり体を動かしたり、園にはないものの発見を楽しめるように保育者自身も配慮しながら関わりましょう。

5 帰園時の留意点

帰園までの道中は子どもたちも疲れています。「帰ったらご飯だよ」など帰園後にも期待がもてるような声かけをしていきます。

到着したら、まず手洗いをして、水分補給を行います。ケガをした子どもがいた場合は、道中で応急処置をしているので、その後に絆創膏が剥がれたりしていないかなどの確認をし、追加の処置が必要であれば行います。園に残っていた保育者との情報共有を行い、連絡帳に記入したり、降園の際に子どもの様子を保護者に伝えられるようにしましょう。

実践 15 保護者との連携

1 保護者とのコミュニケーション（信頼関係の構築）

乳児保育を行ううえで、保護者との連携は必要不可欠なものです。朝夕の挨拶はもちろん、家庭や園での子ども姿を伝え合い、子どもの育ちを一緒に喜び合うことは子どもの成長・発達を後押ししていくことにつながります。

登園時は保護者も時間に追われていることが多いですが、子どもの家庭での様子を聞き取ることは大切です。できるだけ短時間で子どもの体調や機嫌など必要な情報を保護者から聞き取り、園から伝えるべき情報は簡潔にまとめて話しましょう。時間にややゆとりのある降園時には、子どもの成長した姿やほほえましいエピソードなどを伝え、子どもの成長をともに喜びましょう。

子育てに関する相談等には丁寧に応えることを心掛けます。不確実なままに情報提供をせず、分からないことがあれば十分に下調べをして応えられるようにします。先輩保育者にアドバイスをもらうこともよいでしょう。体調不良やけがの報告、協力のお願いなどは、特に言葉を選んで伝える必要があります。保護者との関わりは、保育者が誠実に対応することでより信頼関係が強められていきます。

2 連絡帳

保護者と連絡を取り合うツールとして「連絡帳」があります（現在は専用のアプリなどデジタル機器を使用する場合もあります）。子どもの保育所での様子が保護者にも分かるように記入することが大切です（表 15-1）。連絡帳に記載されている内容には、他の人には知られたくない子育てでの悩みや不安が書かれていることもあります。保育者は連絡帳の内容を第三者に知られないよう「守秘義務」も大切です。

実践 15 ● 保護者との連携

表15-1 連絡帳記入例

【子どもの保育所での生活が分かりやすい】

- 少しずつ園での賑やかさに慣れてきたのか今日はよく眠れました。ミルクの飲み方もとっても上手で一生懸命口に含んで飲めていたように思います。5分ほど中断しましたが20分で飲み終え満足そうにしていました。抱っこして欲しい時や少し寂しくなると涙が出てしまいますが、目が合うとゆっくり泣き止む時もあります。まだまだ慣れない環境で疲れているかと思います。おうちでゆっくり過ごしてください。
- 起きている時は目が合うとニコニコと微笑み返してくれ、とっても穏やかで可愛い〇〇ちゃんです。おむつが汚れたら不快感を涙で知らせてくれたり、眠たくて上手く寝付けない時は困ったお顔でこちらを見てきます。
これからもいろんな表情を見せてくれると嬉しいです。ミルクですが4時間空ける前におなかがすいたようにチュッチュとしだしたので少し早めに飲みました。

【演習ワークシート 15-1】
- ワークシートの事例から保護者への連絡帳の返信を書きましょう

【演習ワークシート 15-2】
- 保護者との会話をもとにロールプレイをしてみましょう。
  またロールプレイからの振り返りを書きましょう

ロールプレイの実践例

【グループワーク】
- 以下の項目の中から1つ選んで、グループワークしたことをワークシートに書きましょう
① 保護者との連携で大切なことはどのようなことですか？グループで話し合ってみましょう
② 保護者とのやり取りのロールプレイをして、どのようなことが難しいと思いましたか？保護者とのやり取りでどのようなことに気をつければよいか、話し合ってみましょう
③ 先生から提示された事例について話し合ってみましょう

実践 16 保育者としての自己覚知

　子どもの最善の利益を尊重しながらその発達を保障していくためには、子どもに関わる保育者が専門職としての知識や技術、そして自己研鑽しながら経験を積んでいくことが求められます。

　よりよい保育を目指して経験を積んでいくには、自分自身のものの考え方や保育実践の仕方などを客観的に振り返り、良かった点や今後の課題などを明確にしていくことが不可欠です。

　ここでは、実習などで出会った印象に残った子どもとの関わりをプロセスレコードの手法を用いて振り返り、子どもとの関わりを客観的に洞察していくことを意識しましょう。

【演習ワークシート 16】

- テキスト理論編（p.152 〜 154）のプロセスレコードを参考にして、実習などで出会った印象に残った子どもとの関わりをプロセスレコードのシートに記入しながら自己洞察してみましょう

【グループワーク】

- 書き込んだプロセスレコードをもとに、自己覚知を意識しながら、それぞれの子どもの気持ちや関わり方の違いについてグループで話し合ってみましょう

- R. マリー・シェーファー 著、鳥越けい子・若尾裕・今田匡彦 訳「サウンド・エデュケーション」春秋社（1992）
- アンドレアス・シュライヒャー 著、経済協力開発機構（OECD）編、一見真理子・星美和子 訳「デジタル時代に向けた幼児教育・保育 人生初期の学びと育ちを支援する」明石書店（2020）
- 阿部和子 編著「乳児保育 子どもの豊かな育ちを求めて」萌文書林（2015）
- 一般社団法人日本赤ちゃん学協会 編集「言葉・非認知的な心・学ぶ力」中央法規出版（2019）
- 一般社団法人日本赤ちゃん学協会 編集「運動・遊び・音楽」中央法規出版（2017）
- 一般社団法人日本赤ちゃん学協会 編集「睡眠・食事・生活の基本」中央法規出版（2016）
- 岩立志津夫・小椋たみ子 編「よくわかる言語発達」ミネルヴァ書房（2018）
- 吉永早苗 編著「子どもの活動が広がる・深まる 保育内容『表現』」中央法規出版（2022）
- 金村美千子 編著「乳幼児の言葉」同文書院（1998 年）
- 河原紀子（監・著）「0 歳〜6 歳 子どもの発達と保育の本」Gakken（2011）
- 古川亮子・市江和子 編「母性・小児看護ぜんぶガイド（第 2 版）」照林社（2021）
- 厚生労働省 編「保育所保育指針解説 平成 30 年 3 月」フレーベル館（2018）
- 巷野悟郎・髙橋悦二郎 編「保育の中の保健〈改訂第 2 版〉」萌文書林（2014）
- 高山静子 著「保育内容 5 領域の展開 保育の専門性に基づいて」郁洋舎（2022）
- 今井むつみ 著「ことばの発達の謎を解く」筑摩書房（2013）
- 佐藤志美子 著「心育てのわらべうた」ひとなる書房（1996）
- 山下雅佳実 ほか著「イラスト子どもの保健・健康と安全」東京教学社（2023）
- 志村聡子 編著「はじめて学ぶ乳児保育 第三版」同文書院（2022）
- 志村洋子 著「母と子の初めての音楽体験」音楽之友社（1996）
- 汐見稔幸・無藤隆 監修「〈平成 30 年施行〉保育所保育指針 幼稚園教育要領 幼保連携型認定こども園教育・保育要領 解説とポイント」ミネルヴァ書房（2018）
- 汐見稔幸 ほか著「日本の保育の歴史 子ども観と保育の歴史 150 年」萌文書林（2017）
- 社会福祉法人日本保育協会 監修「現場に活かす 保育所保育指針実践ガイドブック」中央法規出版（2018）
- 秋田喜代美・馬場耕一郎 監修、阿部和子 編集「保育士等キャリアアップ研修テキスト 乳児保育」中央法規出版（2015）
- 松本峰雄 監修「乳児保育 演習ブック［第 2 版］」ミネルヴァ書房（2020）
- 森上史朗・柏女霊峰 編「保育用語辞典［第 8 版］」ミネルヴァ書房（2015）
- 深代千之 著「運脳神経の作り方」ラウンドフラット（2009）
- 針生悦子 著「赤ちゃんはことばをどう学ぶのか」中央公論新社（2019）
- 数井みゆき・遠藤利彦 編集「アタッチメント：生涯にわたる絆」ミネルヴァ書房（2011）
- 西村真実 著「育児担当制による乳児保育 実践編 一人ひとりへの生活・発達・遊びの援助」中央法規出版（2021）
- 太田光洋 編「保育実習・幼稚園教育実習」保育出版会（2008）
- 太田光洋 編著「保育ニュー・スタンダード 子育て支援―保育者に求められる新たな専門的実践―」同文書院（2022）
- 大畑祥子 編著「保育内容 音楽表現の探求」相川書房（1997）
- 中野綾美 編集「小児の発達と看護（第 7 版）」メディカ出版（2023）
- 奈良間美保 ほか著「小児看護学概論 小児臨床看護総論（第 14 版）」医学書院（2023）
- 内閣府・文部科学省・厚生労働省「幼稚園教育要領 保育所保育指針 幼保連携型認定こども園教育・保育要領〈原本〉」チャイルド本社（2017）
- 日本建築学会「日本建築学会環境基準 AIJES-S0001-2020 学校施設の音環境保全規準・設計指針」

(2020)

- ●日本子ども学会 編、菅原ますみ、松本聡子 訳「保育の質と子どもの発達　アメリカ国立小児保健・人間発達研究所の長期追跡研究から」赤ちゃんとママ社（2013）
- ●白石正久・白石 恵理子 編「教育と保育のための発達診断」全国障害者問題研究会出版部（2012）
- ●八木義雄 監修「自我の芽生えとかみつき かみつきからふりかえる保育」蒼丘書林（2013）
- ●福田恵美子 著「コメディカルのための専門基礎分野テキスト　人間発達学（改訂 6 版）」中外医学社（2022）
- ●牧野カツコ・渡辺秀樹・舩橋惠子・中野洋恵 編「国際比較にみる世界の家族と子育て」ミネルヴァ書房（2010）
- ●無藤隆 監修・浜口順子 著者代表「新訂 事例で学ぶ保育内容〈領域〉表現」萌文書林（2018）
- ●無藤隆 編著「幼児期の終わりまでに育ってほしい 10 の姿」東洋館出版社（2018）
- ●無藤隆・汐見稔幸 編「イラストで読む！幼稚園教育要領 保育所保育指針 幼保連携型認定こども園教育・保育要領はやわかり BOOK」学陽書房（2017）
- ●政府広報オンライン HP「『カワイイ！』だけで大丈夫？こども服は、安全性を考えて選びましょう」
- ●こども家庭庁 HP「こども大綱の推進」
- ●こども家庭庁 HP「就学前の子どもに関する教育、保育等の総合的な提供の推進に関する 法律関係法令・通知等一覧」
- ●こども家庭庁 HP「保育所における食事の提供ガイドライン」
- ●こども家庭庁 HP「幼児期までのこどもの育ちに係る基本的なビジョン（はじめの 100 か月の育ちビジョン）」
- ●保育施設の室内音環境改善協議会 HP「日本建築学会による『保育施設の音環境』推奨値について」
- ●花王（株）HP「メリーズ　赤ちゃんとママ・パパのための情報　おしっこが出るしくみと大脳の発達」
- ●花王（株）HP「メリーズ　赤ちゃんとママ・パパのための情報　月齢別 おしっことうんち」
- ●厚生労働省 HP「保育所保育指針解説（平成 30 年 2 月）」
- ●厚生労働省 HP「雇用の分野における男女の均等な機会及び待遇の確保等に関する法律施行規則」
- ●厚生労働省 HP「児童憲章について」
- ●厚生労働省 HP「授乳・離乳の支援ガイド（2019 年改定版）」
- ●厚生労働省 HP「女性の職業生活における活躍の推進に関する法律」
- ●厚生労働省 HP「熱中症予防のための情報・資料サイト」
- ●厚生労働省 HP「保育所における感染症対策ガイドライン（2018 年改訂版）」
- ●全国乳児福祉協議会 HP「『乳幼児総合支援センター』をめざして（令和元年 9 月）」
- ●全国乳児福祉協議会 HP「乳児院におけるアセスメントガイド（平成 25 年 3 月）」
- ●全国乳児福祉協議会広報・研修委員会「乳児院養育指針　第 5 版」全国乳児福祉協議会（2023）
- ●全国保育協議会 HP「東日本大震災被災保育所の対応に学ぶ〜子どもたちを災害から守るための対応事例集〜（平成 25 年 3 月）」
- ●読売新聞オンライン「子持ち様論争に待った！『子持ち様ですがなにか』でスルーが正解？」
- ●日本小児科学会 HP「食品による窒息　子どもを守るためにできること」
- ●日本小児保健協会 HP「子どもの睡眠に関する提言」
- ●日本赤ちゃん学会 HP 榊原洋一「3 歳児神話　その歴史的背景と脳科学的意味」
- ●文部科学省 HP「学校環境衛生管理マニュアル」
- ●文部科学省 HP「児童憲章」
- ●文部科学省 HP「幼児期運動指針ガイドブック」
- ●内閣府 HP「一人一人に応じた教育及び保育を展開していくために 〜幼保連携型認定こども園教育・保育要領に基づく教育及び保育の質の向上に向けた実践事例集〜」

索引

アルファベット

E
ECEC 2

O
OECD 2

P
PDCA サイクル 76

S
ST マーク 84

W
WBGT 86
WHO 2

かな

あ
愛着理論 18
アセスメント 141
アタッチメント 16, 28
アフォーダンス理論 18
アロマザリング 20

い
移行対象 18
一時預かり事業 136
1.57 ショック 22
いやいや期 39

う
ウェルビーイング 3
ウルトラディアンリズム 49

え
延滞模倣 39
延長保育 135

お
お散歩カー 87
おむつ皮膚炎 57

か
概日リズム 49
会話様喃語 42
家庭的保育事業 138
看護師 123

き
機能的遊び 54
休日保育 135
急性中耳炎 57
吸啜反射 44
協同遊び 55
共同注意 39, 107
居宅訪問型保育事業 138

く
クラス担任 120

け
経済協力開発機構（OECD） 2
健康観察 62
原始反射 37, 44

こ
構成遊び 54
五感 36
股関節脱臼 56
子どもアドボカシー 12
こども家庭庁 7
こども基本法 10
こども大綱 11
子どもの権利条約 9
こどもまんなか社会 7

さ
サーカディアンリズム 49

里親 142
三項関係 39
3 歳児神話 21

し
事業所内保育事業 138
自己覚知 149
自己感の発達 18
自己評価 76
実親 142
湿球黒球温度 86
児童虐待防止法 26
指導計画 69
児童憲章 10
児童福祉法 9, 21
ジャーゴン 42
社会性・認知の発達 39
社会的参照 107
弱視 57
授乳期 44
受容遊び 54
循環反応 40
順序性 34
小規模保育事業 138
象徴遊び 54
情緒の安定 5
嘱託医 122
初語 42
自律授乳 44
心身の安全基地 30
身体的虐待 26
シンボル機能 39
心理社会的発達理論 17
心理的虐待 26

す
スーパービジョン 151

せ
性的虐待 26

197

● 索 引

生命の保持 5
生理的早産 18, 90
世界保健機構 2
全体的な計画 68

そ
粗大運動 36

た
第一質問期 43
第三者評価 77
対象の永続性 39

ち
地域子育て支援拠点 136
地方裁量型認定こども園 133
超日リズム 49
調理員 122

な
慣らし保育 129
喃語 42

に
二項関係 39
乳児院 140
乳幼児健康診査 59
乳幼児突然死症候群 (SIDS) 50
尿路感染症 56
認定こども園 21, 133

ね
ネグレクト 26
熱性けいれん 56

は
パーマネンシー保障 141
バイオサイコソーシャル 4
はじめの 100 か月の育ちビジョ
ン 7
発生的認識論 18
ハンドリガード 91

ひ
微細運動 38
人見知り 39, 93
1 人遊び 55
ヒヤリ・ハット事例集 81
病児・病後児保育 135
敏感期 34

ふ
プロセスレコード 151

へ
並行遊び 55
便色カード 53

ほ
保育者の配置基準 132
保育所型認定こども園 133
傍観遊び 55
方向性 34
母性神話 21
ほふく室 132

ま
マザリング 19

み
3 つの視点 90

め
命名期 43

や
夜間保育 135

よ
幼児期の終わりまでに育ってほ
しい姿 8
幼稚園型認定こども園 133
幼保連携型認定こども園 133

り
リーチング 94
離乳期 44
離乳食 45

れ
連合遊び 55
連絡帳 124

わ
ワーキングメモリ 39
わらべうた 117

イラスト 乳児保育	ISBN 978-4-8082-9002-3
2025 年 4 月 1 日 初版発行	著者代表 ⓒ 舟 山 洋 美 池 田 佐 輪 子
	発行者 鳥 飼 正 樹
	印　刷 製　本　三美印刷 株式会社

発行所
株式会社 東京教学社

郵便番号 112-0002
住　所 東京都文京区小石川 3-10-5
電　話 03（3868）2405
Ｆ　Ａ　Ｘ 03（3868）0673
https://www.tokyokyogakusha.com

・JCOPY ＜出版者著作権管理機構 委託出版物＞

本書の無断複製は著作権法上での例外を除き禁じられています．複製される場合は，そのつど事前に，出版者著作権管理機構（電話 03-5244-5088，FAX 03-5244-5089，e-mail: info@jcopy.or.jp）の許諾を得てください．

		胎児	生後1か月	生後2か月	生後3か月
脳の発達	妊娠初期：脳・肺・心臓・消化器・眼・耳など器官が形成されはじめ、発達する時期 胎盤が形成され、母親から栄養をもらう 妊娠中期：全身に産毛が生えてくる 母親の声が聞こえるようになる 妊娠末期：皮下脂肪が増え、ふっくらしてくる		・脳の下位部分であるせき髄・延髄系の原始反射（モロー反射、手や足の把握反射、口唇探索反射、吸啜反射など）が活発である		
食べる		・触覚、嗅覚、味覚（甘味、酸味、苦味、塩味、うま味）は発達している ・胎児の味らいは受精4か月には大人と同じ構造になり、実際に味を感じるようになっていく）	・口唇探索反射、吸てつ反射、嚥下反射など哺乳に必要な反射によって母乳やミルクを飲む		・3か月頃までは、主に反射を ・固形の物が口に入ると舌で口
食べる				授乳期	
食べる		母乳量（目安）	10〜20/1回、8〜12回程度/1日		15〜20/1回、
食べる		ミルク量（目安）	700〜900 mL/1回		800〜1000
食べる				欲しがるときに好きなだけが基本	
寝る		・母親のリズムに同調している	超日リズム ・2〜3時間ごとに排泄や授乳で目を覚ましては泣く		3か月を過ぎるあたりから、目 時間の14〜15時間中、昼間
寝る		1日の睡眠時間（目安）	16時間±2時間		14〜15時間
出す（排泄）					・反射的な排尿をする
遊ぶ	粗大運動	・生後に必要な反射運動を、胎内で繰り返し試す			首が
遊ぶ	粗大運動		仰向けで時々左右に首の向きを変える 腹ばいで頭をちょっと上げる 仰向けにして身体を起こしたとき、頭を保つ		
遊ぶ	粗大運動		腹ばいで遊ぶ ・クッションで支えたり、保育者と向かい合って腹ばいで遊ぶ 〜確認ポイント〜 ◎おもちゃの動きを追視（上下・左右）しているか ◎人や物に対して興味、意欲があるか ◎頭が上がっているか		
遊ぶ	微細運動（製作）		手を握る時に親指が離れる 把握反射		
遊ぶ	生活動作		・原始反射（モロー反射、把握反射、口唇反射、吸啜反射など）が活発である		
遊ぶ	ことば		・クーイング ・「社会的微笑」に伴い声も出るようになるため、発声を引き出す遊びを楽しむ		
遊ぶ	関わり		不快⇒快のやりとりを大切にする ・「おなかすいた」「おむつがぬれた」などの「不快」を大人がキャッチして関わり、「快」にかわる（応答的な関わりの始まり）		情動的なかかわりあそび ・「社会的微笑」とともに全身あやす、笑う、いないいないる、喃語まねっこなどのあそ
遊ぶ	関わり				機嫌や体調のよい
遊ぶ	社会性		・うとうとしたとき、ほほ笑んでいるような表情がみられる（自発的・生理的微笑）		・あやしかけにほほ笑みを返す（社会的微笑）
遊ぶ	認知	アタッチメント行動	・視覚的には人を識別できない（聴覚や嗅覚ではある程度可能）ため、特定の人物に限らず、近くにいる人物に対して、追視、声を聞く、手を伸ばしたり、泣く、ほほ笑む、喃語を発するといったアタッチメント行動を向ける		
遊ぶ	認知		・人の顔をじっと見つめる　・あやされると声を出して笑う ・子どもと保育者、子どもと物という2項関係（3か月頃まで）		

イラスト 乳児保育

ワークシート

学籍番号　　　　　　　　　　　名前

演習ワークシート1　人的環境としての保育者

実施日　　　月　　　日　　学籍番号　　　　　　　　　名前

【グループワーク】

● 保育者として3歳未満児と関わる際の心構えを話し合い、ワークシートに書きましょう

●

● 次ページのヒト型に「身だしなみ」のチェック項目を各自で考え、保育者としての「身だしなみ」について、その理由も含めてみんなで話し合ってみましょう

●メイク

●頭髪

●手

●服装：上

●服装：下

●その他

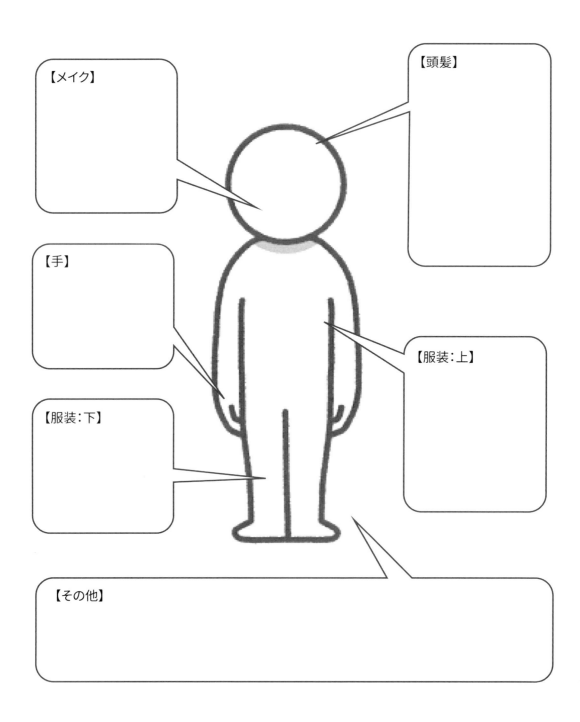

演習ワークシート2　保育の計画

実施日　　月　　日　学籍番号　　　　　　　　名前

　　生後6か月の子どもの発達を調べ、計画立案の資料を探して参考にし、無理なく保育所に慣れていくため、子どもの気持ちや保護者の不安などに寄り添ったRちゃんの個別計画を立ててみましょう。

- ●生後6か月の女児、1か月後の4月に入園予定です
- ●初めて保護者から離れて集団保育を経験します
- ●家庭では母と2人で過ごすことが多いようです
- ●最近は「人見知り」がみられ、初めて会う人だと戸惑う様子がみられます
- ●積み木を握って口に持っていき、感触を楽しむようになめています

●デイリープログラムから、子どもの気持ちに寄り添った保育者の関わりを考えましょう

◆登園時

- ●

◆活動（あそび）時

- ●

◆降園時

- ●

● 保育所の 0 歳児クラスのねらい、デイリープログラム、「子どもの姿」から個別計画を考えて書きましょう

★ R ちゃん（6 か月）の個別計画

項目		ねらい
保育目標		●
子どもの姿		●
養護・教育	健やかに伸び伸びと育つ	●
	身近な人と気持ちが通じ合う	●
	身近なものと関わり感性が育つ	●
食 育		●
健康・安全		●
保護者支援		●

演習ワークシート3　保育者の関わりと環境づくり

実施日　　　月　　　日　　学籍番号　　　　　　　　名前

　1日の生活の中で、心がけたい保育者の関わりや環境づくりを考えて書きましょう。

【たべる（授乳）】

環境づくり	●
心がけたい関わり	●

【衣服の着脱】

環境づくり	●
心がけたい関わり	●

【遊ぶ】

環境づくり	●
心がけたい関わり	●

【ねる（午睡）】

環境づくり	●
心がけたい関わり	●

【グループワーク】

話し合った事例：

●

演習ワークシート4　抱っこ・おんぶ

実施日　　　月　　　日　学籍番号　　　　　　　　名前

【演習前に理解しておくポイント】
子どもの発達ポイント

-

演習前の身だしなみ

-

【心がけたい環境づくりと関わり】

-

【保育者の配慮事項】

-

【おんぶができるようになるには、何か月頃からですか？また、その理由を書きましょう】

何か月頃 ＿＿＿＿＿＿＿＿頃

●

【演習の振り返り】

●

【グループワーク】

話し合った事例：＿＿＿＿＿＿＿＿＿＿＿＿＿＿＿＿＿＿＿＿＿＿＿＿＿＿＿＿＿＿＿＿＿

●

演習ワークシート5　睡眠

実施日　　　月　　　日　　学籍番号　　　　　　　　名前

【演習前に理解しておくポイント】
SIDS について

-

子どもに必要な睡眠時間

-

【心がけたい環境づくりと関わり】
室内の温度

-

部屋の明るさ

-

衣類などの配慮

-

【保育者の配慮事項】

-

【演習の振り返り】

-

【グループワーク】

話し合った事例：＿＿＿＿＿＿＿＿＿＿＿＿＿＿＿＿＿＿＿＿＿＿＿＿＿＿＿＿＿

-

演習ワークシート6　沐浴・清拭

実施日　　　月　　　日　　学籍番号　　　　　　　　　名前

【演習前に理解しておくポイント】
沐浴の目的

-

沐浴してはいけないとき

-

【心がけたい環境づくりと関わり】
環境づくり

-

関わり

-

【保育者の配慮事項】

-

【演習の振り返り】

-

【グループワーク】

話し合った事例：

-

演習ワークシート 7　授 乳

実施日　　　月　　　日　学籍番号　　　　　　　　名前

【授乳前に確認しておくこと】

- ●

【心がけたい環境づくりと関わり】

- ●

【保育者の配慮事項】

- ●

【授乳後の配慮事項】

-

【演習をした感想】

-

【グループワーク】

話し合った事例：＿＿＿＿＿＿＿＿＿＿＿＿＿＿＿＿＿＿＿＿＿＿＿＿＿＿＿＿

-

演習ワークシート8　たべる－食事の援助－

実施日　　月　　日　学籍番号　　　　　　名前

【演習前に理解しておくポイント】

-

【心がけたい環境づくりと関わり】

-

【保育者の配慮事項】

-

【実際にスプーンを持ってみましょう】
① 上手持ち

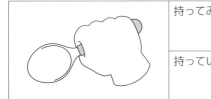

持ってみた感想
持っている人を見た感想

② 下手持ち

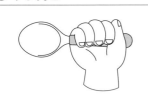

持ってみた感想
持っている人を見た感想

③ えんぴつ持ち

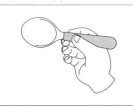

持ってみた感想
持っている人を見た感想

【演習の振り返り】

-

【グループワーク】

話し合った事例：＿＿＿＿＿＿＿＿＿＿＿＿＿＿＿＿＿＿＿＿＿＿＿＿＿＿＿＿＿＿＿

-

演習ワークシート 9-1　　だす －おむつ交換１－

実施日　　　月　　　日　　学籍番号　　　　　　　　　　　名前

【演習前に理解しておくポイント】

-

【心がけたい環境づくりと関わり】

-

【保育者の配慮事項】

-

【演習の振り返り】

-

【グループワーク】

話し合った事例：_____

-

演習ワークシート 9-2　だす −おむつ交換2・感染性の高い排泄物の処理−

実施日　　月　　日　学籍番号　　　　　　　名前

【演習を振り返り、自己評価をしましょう】

		よくできた	できた	できなかった
保育者の準備	準備したもの （手袋・使い捨てエプロン・マスク）			
必要物品の準備	おしりふき・新しいおむつ・ビニール袋・交換シートの準備ができる			
	ビニール袋の口を開けておく			
環境の準備	おむつ交換専用の交換台にシートを敷きスペースを確保できる			
おむつの交換	おむつ交換台に児を安全に寝かせる			
	衣服が汚染しないように、よけることができる			
	おむつを開け、便の観察ができる （色・匂い・硬さ・量）			
	子どもの足を開脚位で保持できる			
	●女児は、尿道口側から肛門に向かって拭く ●男児は、陰のうの裏まで丁寧に拭く			
	汚染したおむつを完全に取り外す。丸めてビニール袋に入れる			
	臀部の下に左手を挿入し、保持でき、新しいおむつを挿入できる			
	新しいおむつを装着できる			
	手袋を手が汚染しないように清潔操作ではずし、ビニール袋へ。 ビニール袋の口を完全にしめる			
	衣服を元通りにきれいに整える			
後始末	感染性廃棄物を指定の場所に廃棄する （保護者に便を確認していただくために、おむつを廃棄しない場合もある）			
	おむつ交換台の消毒を行う			
	流水と石鹸で手洗いができる			
記録連絡	便の性状（色・匂い・硬さ）・量を記録できる			
	保護者へ便の性状（色・匂い・硬さ）・量を連絡することができる			

【気づいたこと・注意したこと】

-

【便の記録】

-

【おむつ交換に取り組んだ感想を書いてください】

-

演習ワークシート 10　衣服の着脱

実施日　　　月　　　日　　学籍番号　　　　　　　　名前

【演習前に理解しておくポイント】
新生児の更衣

-

上下に分かれた洋服を着用する場合（はいはいをしはじめる頃～）

-

【心がけたい環境づくりと関わり】

-

【保育者の配慮事項】

-

【演習の振り返り】

-

【グループワーク】

話し合った事例：

-

演習ワークシート 11　保育室の環境づくり

実施日　　月　　日　　学籍番号　　　　　　　名前

【0歳児、1歳児、2歳児の保育室の環境づくりの視点として、どのようなことに留意しながら環境を整えていきますか？子どもの月例や年齢も考慮しながら、保育室の壁や天井、床などの場所や玩具などを考えてみましょう】

【子どもの発達や動線などを考えた0歳児クラスの遊びのコーナーを構成してみましょう】
　　構成したクラスの子どもの年齢（0歳児・1歳児・2歳児）いずれかに○

保育室内の配置図

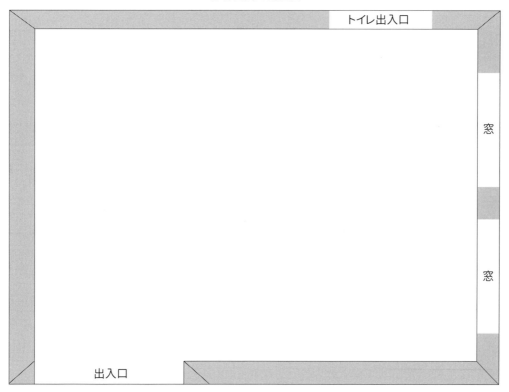

【保育者の配慮事項】

-

【演習の振り返り】

-

【グループワーク】

話し合った事例：

-

演習ワークシート 12-1　あそぶ －遊びについて調べてみよう－

実施日　　　月　　　日　　学籍番号　　　　　　　　名前

【0 歳児の遊びについて調べましょう】
ふれあい遊び（そのねらいと遊び方）

-

手遊び、わらべうた（そのねらいと遊び方）

-

絵本（そのねらいと遊び方）

-

【1 歳児の遊びについて調べましょう】
ふれあい遊び（そのねらいと遊び方）

-

手遊び、わらべうた（そのねらいと遊び方）

-

絵本（そのねらいと遊び方）

-

【2歳児の遊びについて調べましょう】
ふれあい遊び（そのねらいと遊び方）

-

手遊び、わらべうた（そのねらいと遊び方）

-

絵本（そのねらいと遊び方）

-

【保育者の配慮事項（安全面、衛生面での配慮を含む)】

演習ワークシート 12-2　　あそぶ －調べた遊びを実践してみよう－

実施日　　　月　　　日　　学籍番号　　　　　　　　名前

【実習の振り返り】
0 歳児の遊びについて

- ●

1 歳児の遊びについて

- ●

2 歳児の遊びについて

- ●

【グループワーク】

話し合った事例：＿＿＿＿＿＿＿＿＿＿＿＿＿＿＿＿＿＿＿＿＿＿＿＿＿

●

演習ワークシート 13　0・1・2歳児の教材研究 −玩具を調べてみよう−

実施日　　　月　　　日　　学籍番号　　　　　　　　名前

【玩具を選んでみよう】

① 玩具の名称

② 対象年齢・月齢

歳　　　　か月ぐらい

玩具の図・または写真

【その玩具を選んだ理由】

【実際に遊んでみよう】

実際に遊んでみた感想、子どもが遊ぶ時の配慮など

【グループワーク】

話し合った事例：＿＿＿＿＿＿＿＿＿＿＿＿＿＿＿＿＿＿＿＿＿＿＿＿＿＿

●

演習ワークシート 15-1　連絡帳 －事例から保護者への返信を書きましょう－

実施日　　月　　日　　学籍番号　　　　　　　名前

【事例1】0歳児 M ちゃんの保護者より

【家庭から園へ】
　日曜日、洗濯物をたたみながら私が何気なく「かえるのうた」を歌っていたら、「その歌、知ってる！」と言わんばかりに体を揺らして一緒に歌い始めました。まだ言葉ははっきりでませんが、それでも「かえるのうた」と分かるように歌っていて、こんなことも保育所で覚えてくるんだとパパと一緒に感激しました。
　親バカですかね？ 明日は何を覚えてくるのか、とても楽しみです。

【園から家庭へ】

-

【事例2】2歳児Sちゃんの保護者より

【家庭から園へ】
　最近、夜になるのが恐怖です。「明日は保育所だから早く寝なさい。」と言うと、「もっと遊ぶ。寝ない。」と怒り出し、かんしゃくを起こして暴れます。なかなか寝ないので結局朝起きられず、機嫌が悪いままで準備も遅くなります。私も仕事に遅刻しそうになり、困っています。
　Sが少し聞き分けよくなってくれたら、と思います。

【園から家庭へ】

-

演習ワークシート 15-2　保護者との会話をロールプレイしてみよう

実施日　　　月　　　日　学籍番号　　　　　　　　名前

　保育所に就職して3か月たち、仕事の流れや内容も覚えてきました。園長から「保育士さんらしくなってきたね」と言ってもらい、保育の仕事にやりがいを感じています。しかし、子どもの姿が見えるようになってきたと同時に色々な悩みももつようになりました（それぞれ事例の子どものクラス担任として、保護者役の相手とやり取りをしてみましょう）。

事例検討 ①

　0歳児クラスのAちゃんは1歳2か月を過ぎましたがまだ一人歩きがみられません。Aちゃんの担当だったあなたは、遊びの中で一人歩きを援助し、今日初めて一人歩きが3歩できてクラスのみんなで大喜びしました。それをどのように保護者に伝えますか？

事例検討 ②

　0歳児クラスのBちゃんは朝登園した時から元気がありません。抱っこすると体が熱く、体温を測ると38.1℃ありました。「38度を超えると保護者に連絡をする」と入園のときに保護者に説明をしていたので、保護者に電話で連絡をしましたが、保護者は仕事の都合で、15時にならないと迎えに来られないそうです。あなたはどのように保護者に対応しますか？

事例検討 ③

　1歳児クラスのCちゃんは4月に入所したときは（入所時1歳1か月）、登園のときあまり母親の後追いをしてぐずることはなかったのですが、最近（6月）後追いをして泣くようになり、母親が心配しています。あなたは母親にどのように説明をしますか？

事例検討 ④

　1歳児クラスであなたが担当しているDちゃん（1歳4か月）は、あなたが笑いかけても語りかけてもあまり表情が変わりません。いったん泣き出すと、抱っこしてもなだめてもなかなか泣き止みません。母親もDちゃんの夜泣きが激しくて眠れず、疲れ果てていると話していました。あなたはどのように保護者に関わりますか？

【ロールプレイをしてみた振り返り】

グループで選んだ事例：＿＿＿＿＿＿＿＿＿＿＿＿＿＿＿＿＿＿＿＿＿＿＿＿

●

【グループワーク】

話し合った事例：＿＿＿＿＿＿＿＿＿＿＿＿＿＿＿＿＿＿＿＿＿＿＿＿＿＿＿＿

●

演習ワークシート 16　保育者としての自己覚知

実施日　　月　　日　　学籍番号　　　　　　　　名前

Scene
1

●子どもの姿

【プロセスレコード】

子どもの言動や表情	実習生が考えたり感じたりしたこと	実習生の発言や行動	子どもの反応
●	●	●	●

●自己洞察

●

【グループワーク】

● 書き込んだプロセスレコードをもとに、自己覚知を意識しながら、それぞれに子どもの気持ちや関わり方に違いがあることを理解しながらグループで話し合ってみましょう

●